ポンコツ4児母ちゃん、家を片付けたら1000万円貯まった!

なごみー

KADOKAWA

はじめに

はじめまして！　なごみーです。

私はかつて消費者金融で１００万円の借金をこしらえるほどのポンコツな浪費家でした。それが今では貯蓄１０００万円を達成。その経験を活かし「蓄財系整理収納アドバイザー」として、ＳＮＳなどで情報発信をしています。

私が家計管理を始めた10年前は、今ほどお金に関する情報もなく、小手先の節約方法ばかり追い求めては、挫折を繰り返していました。右往左往した期間はおよそ２年半。その間、貯めては崩すの繰り返し。「どうしてこんなに貯められないの？」

隣の芝生が青く見えては時に妬み、悩み、疲れ切っていました。

そんな私が１０００万円貯蓄を達成できるまでになったのは、整理収納に出合えたから。数々の家計管理本や雑誌を読み漁る中、あることに気がついたんです。

お金を貯めている人の部屋は、みんなすっきり整っている、と。

そこで、家計の足しになればと、不用品をフリマアプリに出品すると飛ぶように売れていき、部屋がすっきりしていくのと同時に、驚くほど心もすっきりしました。

せっかくきれいにした部屋をまた荒らしたくないので、ものを買う時は吟味するようになり、無駄遣いも減りました。すると、当然貯蓄ペースも上がっていきます。

「家計管理と片付けは、密接に関係している」ことを、身をもって体感したのです。

「広い部屋に住んでいれば、すっきりするのは当たり前」
「子どものものが増え続けるから、片付けられるはずがない」
「貯められる人は、収入が高いからでしょ」
「夫が協力してくれないから、我が家には無理」

1度でもそう悩んだことがある方（まさに10年前の私！）のために、この本を書きました。「お金が貯められて、私も楽できる、そんな仕組み作れないかな」という私のエゴから始まったのが、本書で紹介するアイデアの数々です。ポンコツでズボラな私だからハードルは低く、でも効果は抜群！　何かひとつ試してみて、あなたもお金の貯まる暮らしを始めてみませんか？

PROFILE なごみー家プロフィール

家族6人
56平米
賃貸暮らし！

なごみー（38）

在宅ワーク

暇さえあれば漫画を読みたい、アニメが観たい、子どもより子どもっぽいポンコツ母ちゃん。行動力の原点は、「いかに漫画時間を確保するか」。思い込んだら一直線の猪突猛進型。

夫（37）

飲食業

話を聞いていないようで聞いている我が家の大黒柱。家族の何気ないひと言を覚えているので、サプライズで人を喜ばせるのが得意。最近、体型が気になり始めたお年頃。

次男（9）

小3

我が家のムードメーカー。ギャグセンスはピカイチで、笑わせることで家族の腹筋を鍛えるのに一役買ってくれている。三男の世話、料理など家事力は兄妹弟の中で一番高い。

長男（10）

小4

口から生まれてきたのではないかと思うほどのおしゃべりさん。初対面ですぐ友達になっちゃう天才。本を読むのが大好きで、毎日何かしらの豆知識を披露してくれる、我が家の歩く辞書。

長女（5）

幼稚園年中

紅一点、我が家の姫！　親と兄貴たちを手玉に取り、気まぐれに立ち回っては家族の視線をかっさらう姿は、すでに小悪魔系女子の素質あり（でもかわいいから許しちゃう……）。

三男（1）

保育園1歳児クラス

何にでも興味津々！　興味を持ったことは是が非でも試さないと納得しないワイルドベイビー。三度の飯より抱っこが好き。特技は、家族をメロメロにとろけさせること。

※2023年7月現在

片付く、貯まる!

ポンコツ4児母ちゃん1日のスケジュール

6:00	起床
6:30	朝食
7:00	洗濯1回目
7:30	小学生組見送り
8:00	夫&長女見送り
8:00-9:00	三男保育園に送り
9:00-12:00	仕事
12:00	昼休憩(～13時半頃 作り置きの日は買い出し&作り置き)
13:00	仕事
15:30-16:00	小学生組帰宅
	宿題等を見守りながら17時まで仕事
17:10	三男保育園にお迎え
17:30	長女バス帰宅
	長男、次男にお風呂掃除を依頼
18:00	お風呂
	洗濯2回目
19:00	夕食
20:00	ビュッフェ(P173)後
	残った洗濯物の片付け
21:00-22:00	就寝
22:00以降	夫帰宅、食器洗いは夫におまかせ

お見送りラッシュで
怒涛の朝もひと段落
さ、仕事やるべ!

バタバタだけど
子どもたちとの
大事な時間
みんな大好き♡

家計簿 BEFORE & AFTER （単位:円）

貯蓄ゼロ時（3人家族）

BEFORE

収入	月間 325,000
手取り月収	310,000（ボーナスなし）
児童手当	15,000

貯めては崩すの繰り返しで
収入は支出でほぼ消失。
子どももいるのに
どうする!? 我が家!

支出	月間 324,480
住民税	18,000
国民年金（2人分）	30,500
夫交通費	6,000
家賃	96,000
水道光熱費	15,000
通信費（スマホ代2人分、Wi-Fi代）	21,980
幼児教室	15,000
保険	22,000
定期便のコスメ	10,000
ウォーターサーバー	10,000
夫お小遣い	30,000
カード支払い	15,000※
やりくり費（食費、日用品費、ガソリン代、レジャー・外食代、その他雑費）	35,000

貯蓄	月間 0

資産	0

こんな状態なのに
やりくり費の中から
3万円の先取り貯蓄を
していたことも。
月5,000円で
足りるわけもなく、
結局その後、
3万円を
おろしていました。

※実際には、ボーナス払いにした分の支払いを児童手当から補てんしていました（汗）。

1か月のお金のやりくりを公開!

AFTER

現在(6人家族)

収入　月間 560,000

手取り月収	夫	360,000(ボーナス年20万)
	妻	150,000(ボーナスなし)
児童手当		50,000

家と家計を整えたおかげで
無駄な出費がなくなって
支出額は3人家族の頃とそれほど
変わらず。目指せ4000万円!

支出　月間 360,000(予備費含)

家賃(駐車場代込み)	88,910
水道光熱費	25,000 ※
スマホ代(2人分)	5,700 ※
保険(2人分)	8,873
子ども費4人分(保育料、給食費、習い事費)	73,000
夫お小遣い	20,000
妻お小遣い	5,000
Amazonプライム	500
特別出費用積立	50,000
やりくり費(食費、日用品費、ガソリン代、レジャー・外食代、その他雑費)	75,000+予備費

※は、楽天ポイント支払い
で0円になることもあり。
浮いた分は予備費へ。

貯蓄　月間 200,000

妻収入分全額+児童手当(+ボーナス)

資産　11,000,000

投資　1,000万　預金　100万

ジュニアNISAが2023年までなので、
投資多めに攻めています。2024年以降、
貯金割合をもっと増やします。

もくじ

CHAPTER 2 節約？貯金？何のこと？ぜんっぜんお金がない！

脱！お金オンチテク

STAFF

デザイン　柴田ユウスケ、吉本穂花、三上隼人（soda design）
撮影　布施鮎美
イラスト　尚味
執筆協力・編集　町田薫
校正　文字工房燦光
編集　石坂綾乃（KADOKAWA）

※本書に掲載されている情報は2023年7月現在の情報です。また、掲載されている商品およびサービスは、現在は仕様を変更している、またはお取り扱いしていない場合もあります。

PROLOGUE

ポンコツ母ちゃんの逆襲、ここから始まる!

A SLOPPY MOTHER OF FOUR
CLEANED UP HER HOUSE,
THEN SAVED 10 MILLION YEN

借金期

100万円の借金をこさえた暗黒の独身時代

今でこそ、「蓄財系整理収納アドバイザー」と謳って1000万円の貯蓄もできた私ですが、**独身時代は借金100万円をこさえながら、自転車操業でさらに借金を繰り返すようなダメダメな人間**でした。

当時、大阪でOLをしていた私は、「小さい頃、役者とか芸能界に興味があったな〜」と、ふと思い出したのが運の尽き。親元を離れ、いっぱしの大人になった気分で、「やるなら今でしょ?」とダメ元で芸能事務所に応募したら、なんと受かってしまったんです。でも、これにはちょっとしたカラクリがありました。「ド素人だからアカデミーなるものへの入学が必須だ」と言われたわけです。

すでに役者への妄想が炸裂していた私は何の疑いも持たず、アカデミーへの入学金と、茨城の実家に戻る引っ越し費用25万円を手っ取り早く工面しようと、**あろうことか**

消費者金融に手を出しました！

役者としての一歩を踏み出してすぐ、継続的に舞台出演が決まりましたが、今度は劇団のチケットノルマが重くのしかかってきました。実家とアルバイト、劇団を往復する日々の中で人脈はなく、ノルマ20枚を売り捌くこともできず、公演のたびに１枚２０００円のチケット代の半額を自腹で払う始末。それにもかかわらず、毎回「演技を磨くための必要経費だ」と自分に言い聞かせていたのです。

そんな中、共演者からとあるビジネスの話が……。華々しい儲け話に夢中になり、あれよあれよという間にその世界に足を踏み入れてしまったのです。

「役者の方がはるかに厳しい世界。このビジネスで収入を得られなかったら、役者でごはんが食べていけるわけがない」と自分にはっぱをかけて、思い込んだら一直線の私は、そのビジネスに、役者に、アルバイトにと、フルスロットルで臨みました。それなのに、聞いていた話とは正反対に、**お金も時間も人脈もなくなっていく日々。それに比例して、自分の心の余裕もどんどん失っていきました。**

そのビジネスで成功するためには、３か月間連続で売り上げ15〜20万円を達成しなければなりません。劇団のチケットさえ完売できないのに、その4倍、5倍の売り上げを3か月連続で達成できるわけがない。それに目標を達成した後も、毎月同じか、それ以上のノルマを売り上げなければ稼ぎにはなりません。こんな当たり前の計算でさえ、当時の私には見えていなかったのです。

初めに借りた25万円も完済できないまま、「このビジネスで成功すれば、役者に専念できる」と、売り上げ達成のために、さらに別の消費者金融からお金を借りることに……。この時、借金総額約80万円、利息を含めると100万円に。

完済期

1年間で借金完済。結婚、出産と幸せ絶頂のはずが……

お金に対する不安が募っていたある日。出先からアルバイト先までの電車賃120円が払えず、1時間かけて歩いていきました。やっとの思いでアルバイト先の事務所に着くと、机の上に剝き出しで置かれた2000円札を発見。

「このお金があれば……」

一瞬でもそんなことを思った自分に心の底からゾッとしました。

「このままこんな生活を続けていたら、犯罪に手を染めかねない」

この出来事をきっかけに、「こんな生活は終わりにして借金を完済しよう」と一念発起、この時私は26歳になっていました。

そこからは、役者もそのビジネスからもきっぱりと足を洗いました。**借金返済へと舵を切り、「1年で完済」を心に誓って**東京のシェアハウスに引っ越し。実家を出たのは、時給の高い東京でのアルバイトを主な収入源にするためと、アルバイト先まで片道1時間という移動時間がもったいなかったから。当時、アルバイト先から徒歩圏内にあったシェアハウスは、水道光熱費込みで家賃約3万円だったのです。

それからの1年間は、朝8時から15時までラーメン屋さんで働き、その後は近くのアイスクリーム屋さんで17時から23時まで働く生活を続けました。昼ごはんはアルバイト先のまかないで済ませ、お客様に出せない食材をもらっては食費を浮かせ、スマホは持たずにガラケーを使うなど地道に節約。20万円弱のアルバイト収入から家賃、携帯費、やりくり費（一般的に変動費と言われるもの）を引いたお金はすべて返済に。がむしゃらに働いて、**目標通り１年で借金をすべて返すことができました。**

実は当時、アルバイト先のラーメン屋さんで、副店長をしていたのが今の夫です。借金を返済してきれいな体になった時、お互いのタイミングも合って結婚。

この時は**借金こそなかったものの、貯蓄はゼロ。家計管理の本質も全くわかっておらず、「もう借金してないから大丈夫だべ～」**とかなり楽観視していました。

しかし、翌年に長男が生まれた時はさすがに、「子どもがいるのに貯蓄ゼロはやばい」と、家計を整えることに心血を注ぐことになるのです。

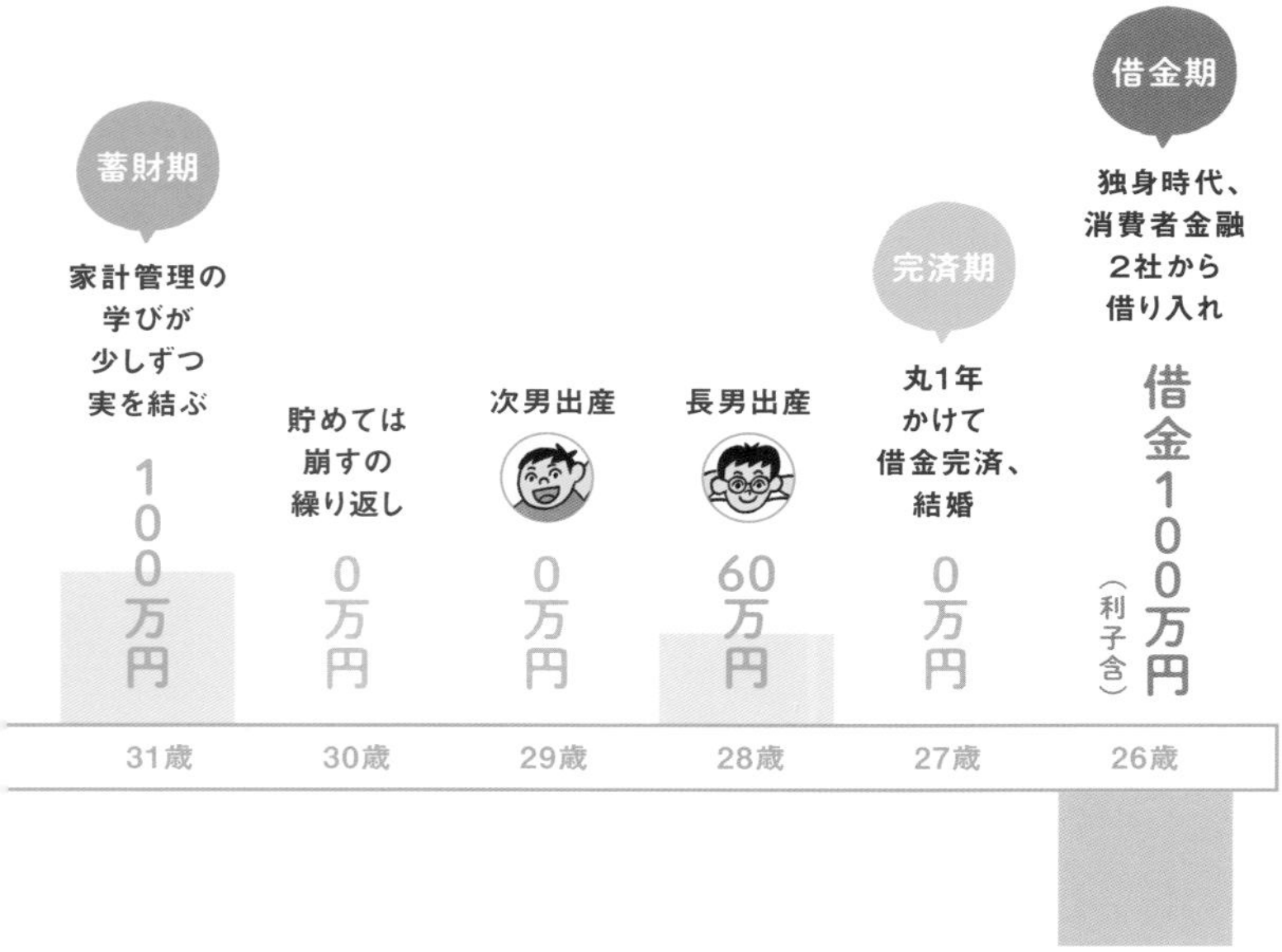

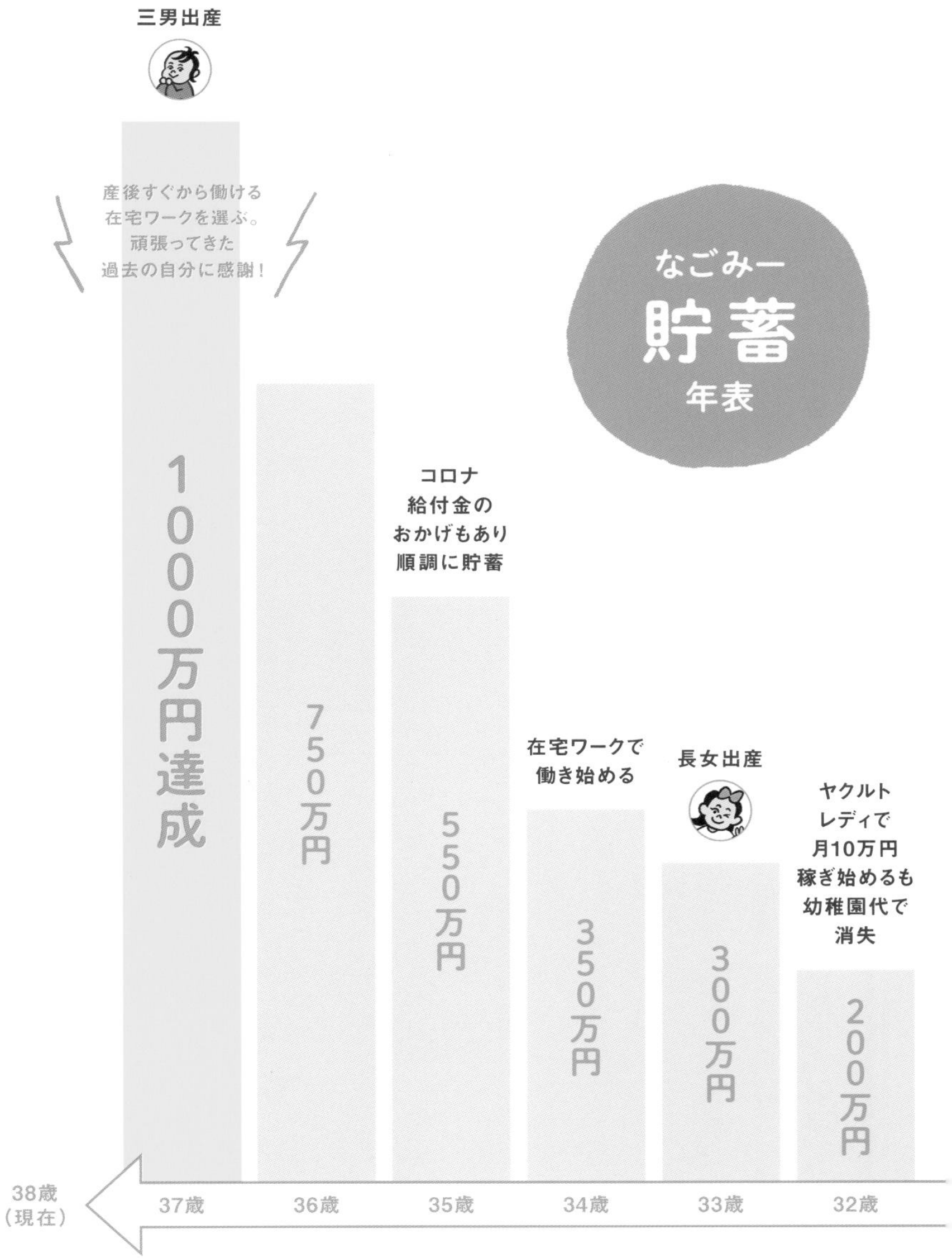
なごみー
貯蓄
年表
三男出産
産後すぐから働ける
在宅ワークを選ぶ。
頑張ってきた
過去の自分に感謝！
1000万円達成
750万円
コロナ
給付金の
おかげもあり
順調に貯蓄
550万円
在宅ワークで
働き始める
350万円
長女出産
300万円
ヤクルト
レディで
月10万円
稼ぎ始めるも
幼稚園代で
消失
200万円
38歳
（現在）
37歳
36歳
35歳
34歳
33歳
32歳

蓄財期

ズボラは言い訳か、きっかけか。整理収納と家計管理のイイ関係

借金持ちのポンコツだった私は、いわゆる汚部屋の住人でもありました。ものを溜め込むだけでなく、使わないものは見えないところに押し込んで片付け終了、という体たらく。

次男誕生からしばらくした頃、家賃を抑えるために郊外に引っ越そうと荷物をまとめていたその時、親戚からもらった大量の使っていないものたちを発見したのです。

「これを使っていたら、買わずに、もっと貯蓄できたのに！」

この件をきっかけに、**「お金と片付けは密接に関わっている」ことを学んだ私は、整理収納と家計管理を並行して整えていく**ことに決めました。とはいえ、お金については素人なので勉強する必要があったし、そもそも家計管理は何からどう整えていけばいいのかもわかりません。

そこで、お金の勉強をしながら、片付けから手をつけ始めました。片付けなら、「ものの要・不要の判断をするだけ」なので、私にもできそうです。

キッチンを片付けながら、まだ食べられる乾物を見つけたらラッキーだし、食費も浮いて家計にも嬉しい。処分ついでに年末大掃除で使ったきりの洗剤で、その辺をささっと掃除すれば、部屋もきれいになって一石二鳥。歳を重ねて似合わなくなってきたのに捨てられないブランドバッグはフリマアプリで売って、ちょっと美味しいおやつが食べられるかも⁉

徐々にすっきりしていく部屋を見ていくうちに、自分の気持ちもすっきりすることに気がつきました。

頑張ってすっきりさせた部屋を荒らしたくないと思えるようになれば、後先考えずにホイホイ衝動買いもせず、吟味することを覚えます。部屋がすっきりする→買い方が変わる→家計にも興味が生まれて貯蓄ペースも必然的に爆上がりです。

以前、「インスタグラムで見る理想の部屋の住人は、きっと完璧主義者やしっかり者。ズボラな私には絶対無理」だと思っていました。でも、「使っていないものの大量発見事件」

を機に、それは大きな勘違いだとわかりました。**ズボラだからこそ、自分がもっと楽になるような仕組みやルーティンを作るんだ**、と。


いちいち畳むのが面倒だから、収納にはぶち込むだけ。

家族に「あれどこ?」と聞かれるのが面倒だから、定位置を決めて、ケースにはラベル。

毎日家計簿をつけるのが面倒だから、買い物は週1回。

毎晩料理に時間をかけるのは面倒だから、週に1回1時間だけ頑張って作り置き。

いちいちレシピを検索するのが面倒だから、見ないで作れる「ルーティン献立」。


家計管理も約2年半をかけて固定費を整え、ようやく実を結び始めたのが長女誕生の少し前あたり。長女を出産した頃には300万円の貯蓄を確保し、夫の協力も得て無駄遣いを減らす仕組みを整えました。その仕組みにのっとって行動するだけで、1000万円を貯めることができたのです。

〝ズボラ〟を言い訳にするか、きっかけにするかは、人生の大きな分かれ目です。「私はズボラだから、しょうがない」と言い訳すれば、これからも、今以上の暮らしは望めません。でも、逆に「ズボラな私が楽になるためにはどうすればいいだろう？」と考えるきっかけにすれば、可能性は無限大です。最初から諦めるのではなく、**まずは自分のできそうなことから一歩、踏み出してみてはどうでしょう。**


「ズボラを言い訳に、何もしない」

「ズボラをきっかけに、自分が楽になる仕組みを作る」

　あなたはどちらのズボラを選びますか？

オリジナル家計簿でお金の流れをしっかり把握。お金と片付けは切っても切れない関係です。

CHAPTER 1

もの、もの、もの！ もので溢れる汚・部・屋！

A SLOPPY MOTHER OF FOUR
CLEANED UP HER HOUSE,
THEN SAVED 10 MILLION YEN

BEFORE

収納を大量占拠していた期限切れの子ども服！

……汚部屋×浪費の無限ループ

長男と次男は年子だったこともあり、次男が生まれてからは文字通り「時間に追われる」毎日！　部屋にはものが溢れて、まさに汚部屋！

必要なものはすぐに見つからないし、ものが多いとどういう訳かイライラするんです。いつもイライラ、それを子どもに向けてしまう自分、そんな自分にまたイライラ、という負の連鎖……。

家計も、貯めては崩すの繰り返しで、相変わらず貯蓄はゼロ。

いよいよ埒が明かなくなって、家賃の安い郊外に転居を決めました。引っ越し費用をできるだけ安くするために、荷物を減らそうと部屋の中を片付け始めた時、見つけてしまったんです。親戚からいただいた大量の子ども服を！

当時はまだサイズが合わず、ダンボールに入れて押し入れの奥にしまい込み、その存在をすっかり忘れていたものでした。

「これがあるとわかっていたら、買わずに済んだのに！」ものが多すぎて、**「使いたい時にすぐに見つからない」「忘れている」「買い足す」という、汚部屋と浪費の無限ループ。**私が本気で「家を片付けよう！」と心に決めた瞬間でした。

AFTER

片付けでまるっと解決！ お金が貯まって、暮らしも回る、快適ライフ

発掘した子ども服はフリマアプリで売れたものの、これがきっかけとなって本気で整理収納に目覚めた私。**片付けと家計管理が密接に関係している**と実感したのもこの時です。

私の片付けの目的は、**「無駄遣いを減らして、お金を貯めること」**。自分の持ち物

スタッキングシェルフにDIYで引き出しを設け、文房具も収納できるようにした子どもたちの収納エリア。左から長男、次男、長女、三男用と本棚になっています。

をすべて把握できていれば、ダブり買いによる無駄遣いを防げるからです。

そして、**私にとって大事な目的がもうひとつ。「楽がしたい……!!」**

年子の男児を相手にほぼワンオペ育児だった当時、驚くほどに暮らしが回らず疲弊し切っていました。

ものが多くて常にイライラ。

「部屋が汚いから家にいるのが嫌」という理由で外出しては無駄遣いをする、という負の日課にも自己嫌悪の嵐でした。本当は家でゆっくりしたいのに……。

それを解消する手段は「片付けることしかない！」と気がついたんです。

この目標設定って実はものすごく大切で、「何のために片付けたいのか」をはっきりさせておかないと、「もったいない」「高かったから、頂き物だから」「いつか使うかも」の3大言い訳のオンパレードで手が止まってしまいます。「片付けをしたい」と思っている人はまず、**「どうして部屋を片付けたいのか」を明確にすること**。そうすれば、捨てられない3大言い訳に惑わされることもありません。

さあ、それぞれのゴールを掲げ、要らないものを手放すことから始めましょう！

「ものは使ってこそ
意義がある！
ものを
箱入り娘にすな」

なごみ一流

片付け3大言い訳をぶった切る言葉

1
もったいない

＝

使わないものにかかる住居費と
探し物に使う時間の方が
もったいない！

2
高かったから
・
頂き物だから

＝

高級品も頂き物も
使わなかったらただのゴミ！

3
いつか
使うかも

＝

永遠に来ない
「いつか」を待つより、
「いつ使う」を自分で決める！

脱！汚部屋テク

01

整理収納の第一歩は片付けが苦手な自分を認めること 後はゴールに向かって走り出せ！

「片付けなんて、大人になったらみんなできて当たり前」。そんなふうに思っていませんか？　すると、できない自分を受け入れられず、「自分は片付けが苦手なんだ」と思い込んでしまうのです。

でも、本当はそうじゃない。家でも学校でも、「片付け」を習ったことがないのだから、できないのが当たり前です。

だからまず、「習ったことがないからできないんだ」と開き直って、苦手な自分を認めてあげましょう。**それができれば、周りからの提案が素直に受け入れられるようになるし、自分ができる方法ってなんだろう？と考えられるようにもなります。**

汚部屋脱却を心に誓った私は、整理収納の本や雑誌、素敵な暮らしを発信しているＳＮＳなどを片っ端から読み漁りました。そして見つけたんです、理想の暮らしを。ミニマリストであるやまぐちせいこさんの本は本当に衝撃的でした。読んだ瞬間、「こんな暮らしがしたい！」と思ったのです。やまぐちさんは、「少ないものですっきり暮らす」を体現している方で、その効率的な暮らしは「面倒なことをしないで楽がしたい」という私の理想にぴったりでした。

ものを少なくすれば、家族から「あれどこ？」と聞かれることもなくなるし、どこに何があるのかが把握できれば自分も楽だし。そういう「自分がこうしたい」といういろいろな点が、やまぐちさんの本ですべて線につながった感じでした。

インテリアひとつとってもそう。それまでの我が家は、グレーの冷蔵庫に黒のソファー、子ども用の収納はカラフルなボックスと、視覚的にがちゃがちゃして落ち着きませんでした。

それが、白とナチュラルで統一されたやまぐちさんの暮らしを見て、「色味を絞ればいいんだ」と謎が解けたんです。目指す方向がわかれば、「かわいいから」「色が気に入ったから」とあれこれ買った挙句に、結局、部屋にそぐわないものを買い足してしまう無駄もなくなります。**自分の理想に向けて暮らしを整えていけば、必然的に無駄なものもなくなります。**

片付けはものを捨てるだけにあらず、理想の暮らしを実現する手段なのです。

心に刺さる暮らしの本を読み漁って、理想の暮らしを追求しました。

脱！汚部屋テク

02

一番大事なのは行動力　失敗したっていいじゃない　とりあえずやってみなはれ！

「こんなにものを減らして意味がある？」「捨てたらバチが当たりそう」片付けを始める前からあれこれ考えた末に結局、「もったいないから捨てられない」なんていうこと、ありませんか？　でも、部屋をすっきりさせたい気持ちはあるから、心の片隅にしこりのようにずっと残ってしまう。

そんな時は、**とりあえずやってみなはれ。**

「もし必要になったら……」と、起こってもいないこと、起こるかどうかもわからない「もしも」に右往左往するのは、体力がもったいない。使っていないもののために日々が暮らしにくくてイライラするのは、心がもったいない。１度しかない人生、ものに振り

やってみて、失敗して、改善していくうちに、自分に合ったやり方がきっと見つかるはず。

回されるなんて、時間がもったいない。

それに、失敗を失敗のままにするから、その先何をやるにも二の足を踏んでしまうのです。**失敗したら、どうしたらうまくいくのか、何が自分に合っているのかを考えてみればいい。**その後改善したり、分析したり、自分に合った方法を見つければ、それは失敗ではなく経験値。

片付けのハードルを勝手に上げて言い訳で手が止まるぐらいだったら、できるところから、まずはちゃちゃっと始めてみませんか？

脱！汚部屋テク
03
ズボラさんでも大丈夫！
手放す↓住所を決める↓しまう
片付けの基本はたったこれだけ

整理収納の基本は単純明快。**使っていないものを手放す↓住所を決める↓しまう、これだけ**です。初めの「使っていないものを手放す」ステップは次項で詳しくお伝えしますが、片付けの大部分を占める重要任務です。ここさえクリアすれば、どんなズボラさんでも大丈夫！

そもそも私が部屋を片付け始めたのは、「楽をしたい、自分時間を確保してアニメが観たい」というエゴからでした。でも、結果としてそれが家族みんなの暮らしやすさにもつながるし、何がどこにあるかがわかれば、子どもたちも自分のことは自分でできるようになって一石二鳥。

ものは多ければ多いほど管理の手間が増えますが、人が管理できる量には限りがあります。その管理の手間を減らすために、ものを減らす行為はかなり有効。**そして忙しい人こそ、優先的にものを減らした方が、後々の作業効率も時間効率もアップ**します。

だいたい、忙しい時の探し物ほどイライラすることってないですよね。探している間のロスタイムのせいで作業はどんどん遅れていくし、家族からの「あれどこ?」で、自分の時間も侵食される悪循環。

そんなイライラ解消とともに、私のエゴと家族の暮らしやすさまで叶えてくれる最高のアクションが片付けなのです。

整理収納の基本3ステップ

1
使っていないものは手放す
整理収納の8割を占める大事な部分!
(P38)

2
住所を決める
動線と使用頻度によって収納場所を決定!
(P42)

3
しまう
人別、用途別の収納にぶち込む!
(P46)

脱！汚部屋テク

04

整理収納は「整理」が8割！

要、不要の2択で手放すだけ。

まずは冷蔵庫1段からスタート

整理収納は整理が8割。ものを使う、使わないで取捨選択して、**要らないものを手放すだけで片付けは8割がた終了。**

収納は、すべてを整え終わった最後のステージです。

私も片付けを始めた頃は「長年連れ添ったものを捨てる」行為に踏ん切りがつかず、躊躇したこともありました。でも今は、片付けってもっとシンプルに考えればいいんだ、と思えるようになりました。

例えば、本当に大事なものは、そもそも手放すかどうかの候補にさえ挙がりませんよね？

高かったから残しておく？　いえいえ、「高くても、使わなければ、ただのゴミ」「安くても、使いやすけりゃ、宝物」。ものの価値は値段で決まるものではないはずです。

「手放した後で必要になるかも」「いつか使うかも」で不安を持つ人も、捨てられないトラップのカモにされやすいのです。それに、どういう訳かものをたくさん持っている人ほど漠然とした不安感が募り、ものを減らした人ほど「まぁ、なんとかなっぺ～」で本当になんとかできちゃう不思議。

ものを手放したとたん、それまで手放すかどうか悩んでいた時間も手放せて万事ＯＫ。

「手放した後で後悔したくない」という気持ちもわかりますが、**一度くらい失敗した方が、その後の「片付ける力」は確実に身につきます。**だから、失敗を怖がる必要はありません！　最速で成功する人は、最速で失敗する人。心の中にある疑問は、やりながら考えればいいんです。

手放す基準は「１年以内に使うかどうか」。そして、**「自分が管理し切れるかどうか」**も判断基準のひとつです。ものが増えれば増えるほど、どこに何があるかを把握しておかなければならず、脳みそのキャパが占領されるから。

ものを手放す基準がわかったところで、さて、どこから片付け始めればいいでしょう？
答えは、「まずは1か所どこからでもいい、使っていないものを手放していけばOK」です。

また、「家の中のものをすべて出さなきゃ」とか、「時間がかかるから無理」などと思われがちですが、片付けってそんなにハードルの高いものじゃありません。最初から森を見ず、その中の1本の木の、さらに枝1本から始めていけばいい。つまり、**引き出しを1段引っ張り出して、中のものを要る、要らないと判別するだけでも立派な片付け**です。

それでも躊躇してしまう方に、**片付けの手始めとしておすすめなのが冷蔵庫。**

食材なら消費期限や賞味期限などの期限=手放す基準があって、要・不要を判断しやすいからです。それに、食べきれていなかった乾物でも見つけたら、食費も浮いてスーパーラッキー☆

もちろん、1度にやる必要はありません。冷蔵庫なら、今日は右扉のドアポケット、次はチルド室、冷凍室、野菜室……と、引き出し1段くらいの狭い範囲から手をつければいいんです。

期限が切れたものを手放していくことで、捨てるという行為に罪悪感を持ってしまう人も、**だんだん抵抗感がなくなっていきます。**冷蔵庫から片付け始めるのは、使わないものを「手放す練習」にもなるのです。

それまでゼロに近かった頭の中の整理収納スイッチをONにして、判断力を鍛えていく。そのうちに、他の場所でも不要なものを「手放す」という行為が、徐々に容易になってくるはずです。

同じような理由で片付けやすいのは、財布、メイクポーチ、救急箱など。慣れてくれれば、サクサクと進めていけるようになりますよ。

取りかかりやすい整理収納アイテム

アイテム	手放しチェックポイント
財布	● ほとんど行かないお店のポイントカード ● 引っ越し前に通っていた病院の診察券 ● 期限切れの割引券 ● チェックし終わったレシート
メイクポーチ	● 長く残りがちなアイテム（リップスティック、アイシャドウ、日焼け止めクリームなど）は特に注意
救急箱	● 薬にも使用期限があるので、定期的に要チェック

脱！汚部屋テク

05

手間は一時、仕組みは一生。

不要なものを追い出した後は、ものの帰る場所を決める！

整理収納とは、「ものに用途があって、ものの住所が決まっているか」、それだけ。逆に言えば、用途としまう場所さえ決まっていれば、ものは多くても構いません。

え？　ものを減らすのが片付けじゃないの？

実のところ、ものが多かろうが少なかろうが、そこはあまり問題ではありません。**問題なのは、所有目的が不明瞭で、ものの場所が把握できないこと**なのです。

例えば、我が家にはハサミが5本ある時期がありました。キッチンに食材用とそれ以外用の２本、リビングに大人用と子ども右利き用と、左利き用の３本です。５本のハサミはどれも使う用途があったのです。

要は、何を持っているかが把握できて、何のために持っているかが明確で、使いたい時にスッと出し入れできれば、ものの数は関係ない。**片付けは暮らしをよりよくするために手放すのであって、ただ捨てることが目的ではありません。**

とはいえ、ものが多くなればなるほど、私たちの脳内メモリの容量がいっぱいになってしまいます。いざという時にメモリ不足で大事な決断ができなかったり、判断を間違ったりしないためにも、ものは自分が把握できる量に減らしておく方が暮らし全体にもゆとりが出てくるはず。

次に住所を決めるポイントです。それは、**いかに簡単に、単純化して、使いやすい状態に収納するか。**まずは、どこに収納すれば自分も家族も使いやすくなるか、生活動線に沿ってシミュレーションしてみましょう。

出かける前に「ハンカチ持った？」となるならそれは玄関に。子どもたちがリビングで宿題をするなら、文房具はその近くがいい。お風呂上がりの着替えは、浴室の近くが便利かも。起きてすぐに着替えるため、家族全員分の洋服は寝室のファミリークローゼットに集約するなど、使う人の行動に合わせて、使い勝手の良い場所を決定します。

子どもたちが外遊びで使うもの、マスク・ハンカチ・ティッシュなど、出掛けに確認する持ち物を玄関の下駄箱上の棚にまとめて収納しています。

収納エリアが決まったら、今度は、そのエリアのどのあたりに入れる（置く）かを考えます。

　この時、**使う頻度の高いものに、一番出し入れがしやすい＝特等席を用意**します。一番出し入れしやすい位置は、だいたい人の腰の高さあたり。その特等席に入れるものの中でも、使う頻度が高い順に、手前→奥、と収納場所を使い分けるとさらにGOOD♪

　毎日使うようなものは、扉や引き出しを少し開けただけのワンアクションで取り出せるのが理想です。

左から順番に使いやすい高さ

中 ＞ 下 ＞ 上

中	下	上
人の腰くらいの高さ	かがむくらいの高さ	手を伸ばしたり、踏み台が必要な高さ
使用頻度の高いもの	重いもの	軽いもの、使用頻度の低いもの

使用頻度の二番手、三番手は、特等席の上か下になりますが、落ちてきたら危ない重いもの（土鍋やホットプレートなど）は下に収納。逆に、背伸びや踏み台を使うなどして出し入れする上段の収納には、使用頻度が低く、軽いものを入れていきます。

　こうして住所を決めていけば、「使って→しまう」の仕組みはずっと使い回しができます。最初は時間がかかっても、手間は一時、仕組みは一生。使い勝手のいいように、自分たちにぴったりの仕組みを作ってしまいましょう。

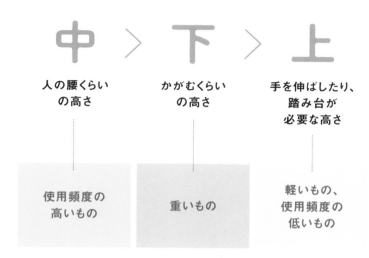

脱！汚部屋テク

06

目から鱗のテクニックなんて要らない！
「人別」「用途別」にぶち込むだけ
いつも片付く部屋の出来上がり！

住所が決まったら、最後のステップは収納方法。大事なのは、「一目で何が入っているかがわかるか」「できる限りワンアクションで出し入れできるか」です。

とはいえ正直な話、よく使うものだけに絞ってしまえば、収納テクニックなんてぶっちゃけ必要ありません。決まった住所に入れるだけの簡単収納ですが、我が家では使うものによって、「人別収納」「用途別収納」に分け、そこにぶち込む、を基本にしています。

人別収納

我が家の人別収納の代表例が、子どもたちの学用品。スタッキングシェルフをロッカーのようにして、教科書やランドセルもここに置きます。それぞれの棚の上には、長男用、次男用、長女用、三男用の掲示板を吊り下げ、大事なお便りや時間割、給食表などはここに貼って各人が確認できるようにしてあります。

学校や幼稚園・保育園関連はここで完結するように、子どもたちの使いやすさを優先しています。

用途別収納

用途別収納は、基本的に家族みんなが共有で使うものが対象です。同じシーンで使うものは同じスペースにまとめておくと、使う時にとても便利なんです!

例えば、家族みんなが毎日使う筆記用具と鉛筆削りは同じエリアに、スマホやパソコンは収納しながら充電ができるように充電ステーションを作りました。

人別収納

人別にしている子どもたちの収納エリア。左の１列は長男、隣は次男。ランドセル置き場は自分たちのロッカーの上。

用途別収納

ダイニングテーブルで使うものを集めたキッチンカウンター下の棚は、さらに用途別にゾーンニングして収納しています。 ①プリンターとA4用紙 ②仕事関連資料 ③家計簿セット ④文具セット

ぶち込む戦法とは

全部の場所を採寸して、「ここにきっちり収まるように」と収納方法を考えるのは楽しい作業ですが、時間がかかるし、一番大変な作業でもあります。

きれいな家には憧れるけれど、ズボラでせっかちな私にそれは無理〜。そうやってたどり着いたのが、決まった収納に入れるだけの「ぶち込む戦法」です。子どもたちのおもちゃは、箱の中にポイッ。乾燥機をかけた後の下着類や幼稚園、保育園グッズも、畳まずに収納スペースにポイッ。

キッチンの棚に収納した幼稚園で使うランチョンマット（手前）やふきん（奥）は、洗ったらそのままボックスにぶち込むだけ。

ぶち込む戦法

人別収納

場所・もの

子どもの学用品、クローゼットなど。使う人が限られ、かつ、同じ場所にまとめた方がいいもの

使う人の使い勝手が良い、無駄な動線がない

用途別収納

場所・もの

文房具、日用品、家計簿セットなど使う用途ごとにまとめておいた方が便利なもの

1か所に関連グッズをすべて集約して効率的に

家族6人
56平米
賃貸暮らし

なごみー家の収納一気見せ！

玄関

玄関収納。上の段には外遊び用のなわとびやボール、その下にハンカチやティッシュ、日焼け止めなどを用途別に入れています。下駄箱の中は上から、夫、私、長男&次男、長女&三男用と人別に収納。

寝室にスチールラックで作ったファミリークローゼット（P70）家族全員分の服はこれですべて。

寝室

寝室にあるクローゼット。季節もの（ひな人形や五月人形）や旅行用のトランクなどを収納。

洗濯乾燥機の上にある吊り戸棚は高くて取り出しにくいので、あまり使わない子どもたちの散髪グッズや日用品のストックを収納。取っ手つきのケースに入れて取り出しやすくしています。

DIYで作った洗面所のタオルコーナー。上にはバスタオル（左）とフェイスタオル（右）、中段はお風呂上がりに塗る薬を収納。その下には人別にタオル掛けを設置しました。

お風呂場

洗面台下のお風呂上がりセット。上段の下着類は、左から長男と次男（兼用）、長女、私、夫、中段左は三男のオムツやパジャマ、右は夫のパジャマ、下段は長男、次男、長女のパジャマを収納。

キッチン

コンロ脇の引き出し。手前によく使うものを入れれば、少し開けただけで取り出せます。

シンク下は、ゴミステーションに。一番右は燃えるゴミ、他はビニール袋や扉裏収納を利用して分別。

コンロ下の収納。土鍋やホットプレートなど、重い調理器具もここに集約。調理する際の動線にも合わせています。

調理台下の収納。上から、キッチンツール、野菜調理器セット、調味料のスペース。一番上のキッチンツールは、右利きの私に合わせて使う頻度が高い順に右から並べています。

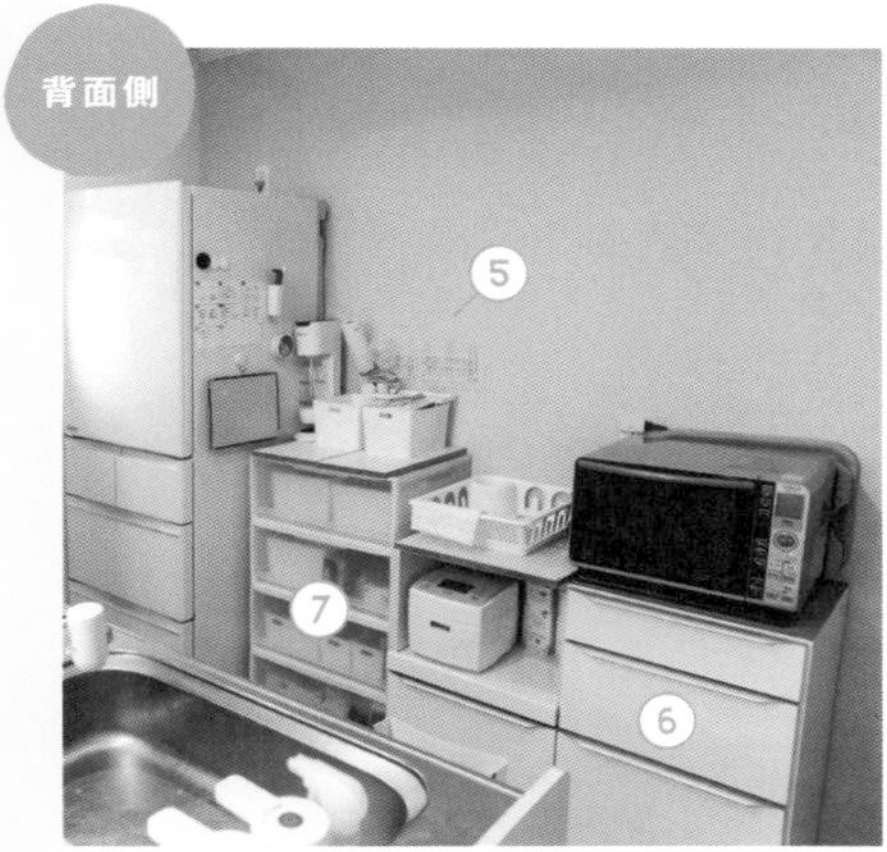

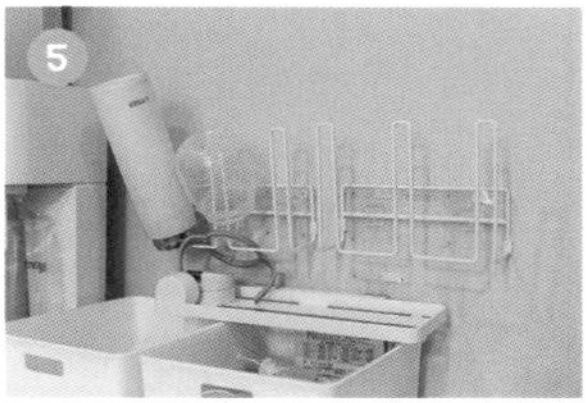

棚の上に作った水筒置き場。洗った後の乾燥と収納の両方を兼ね備えたスペース。

冷蔵庫横のプラスチック棚には、上から使用頻度順に収納。一番上から、毎日何回も使うもの、1日数回使うもの、まぁまぁ使うもの、週1～2回使うもの、に分けています。

電子レンジの下の引き出し3段には、カトラリーや食器類を収納。我が家の食器はここに入っているものですべて。子どものカトラリー類だけは、自分たちでも手が届く2段目に入れることで食事の準備を手伝ってもらえます。また、炊飯器の下の引き出しには、食品のストックなどを収納。

リビング＆ダイニング

キッチンカウンター下コーナー。上段はプリンターや仕事の資料をまとめた書類ケース、充電ステーション、シュレッダー。中段は左から、子どもたちがお絵描きするためにも使うA4コピー用紙や子ども用パソコン、家計簿セット、文房具セット。下段は子どもの本を収納。

リビングのテーブル横に置いたスタッキングシェルフには、子どもの漫画や私と夫の本を収納。本を選んだら、そのままここに座って読書ができます。

リビング隣の部屋にある子ども用収納は、1人1ロッカー。学校や園関連の書類は4人分をファイルごとに分けて壁に掛けています。

リビング隣の部屋備え付けのクローゼット。電化製品のマニュアルや仕事関係の書類、おむつのストック、子どものお稽古事で使う道具、1人1個の防災リュックをこの中に。

脱！汚部屋テク

07

ズボラさんほどワンアクションで未来の「面倒くさい」をつぶせ。過去の自分にマジ感謝！の好循環を

私が**ものを取り出す時の基本はワンアクション。**取り出す行為ひとつとっても、パッと出せる方が断然効率がいいし、そもそも私のように**ズボラな人ほど、アクション数が多くなると片付けるのが億劫になる**んです。

取り出すためのアクションが多ければ、しまう時のアクションも同じ数だけあるので、「面倒くさいからその辺に置いちゃえ」と適当な場所に置くことが増えて、どんどん部屋が荒れていく悪循環に。

私が食器を重ねずに立てて収納しているのも、ワンアクションで取りやすくするため。パッと取り出してさっとしまえるだけでなく、上から見た時に全体量も把握できま

す。冷蔵庫の中のタッパのように、どうしても重ねて収納しなければならない場合は、何が入っているのかを横から把握できるように、ラベリングしたり、半透明の容器にしたりと工夫しています。

文房具や食器類などは、1段1種類仕分けに。これも、パッと見てすぐに何があるのかがわかるから。それに、色鉛筆やクレヨンなどは、子どもたちが使いたい時に引き出しごとテーブルの上に持ってくれば、みんなでシェアしながらお絵描きしたり、宿題したりできて好都合です。

食器類は無印良品のポリプロピレンファイルボックスを使用。ワンアクションで取り出せて全体量も把握できる立てる収納に。

家族みんなが使う文房具は、誰が見ても一目でわかるようにラベルを貼って種類別に分類。鉛筆削りも鉛筆と同じ棚に配置しています。

トイレットペーパーは、買ったらすぐにパッケージを外してトイレの収納棚へ。

効率で考える場合、商品のパッケージを買ってすぐに剝がしておくのもひとつの方法です。例えば、12ロールのトイレットペーパーを購入した時、私は最初に必ずパッケージをすべて外して、12個出しておきます。そうすれば予備がなくなるたびに、上の棚から下ろして、パッケージを破って、トイレットペーパーをひとつ取り出して……という手間もありません。1分、2分の手間でも、それが重なれば積もり積もってそれなりの時間になります。箱ティッシュや納豆のパッケージも同じです。

最初の1回だけ全部剝がしておけば、残り11回も楽ができるなら絶対にやっておいた方がいい。次の1個を使う時、さっと取れるようにパッケージを外しておいた「数日前の自分にマジ感謝」ですよ（笑）。

私は「面倒くさい」と思うと、本当に何もやりたくなくなっちゃう。だからいつも、「今の自分が、未来の自分を楽にするために」と考えて動くようにしています。片付けを一生懸命頑張って、1年後の暮らしが今よりすごく楽だったら、「あの時頑張ってよかった」と思うじゃないですか。

逆に、「あの時やっておけば……」という後悔が募れば、生活が回らなくなるだけでなく気持ちもどんどんネガティブに。そうならないよう、**「過去の自分にお礼が言える」**、**そんな仕組みにすればいい。**そうすれば、気分も暮らしも、アゲアゲの好循環で回るようになるはずです。

パック入りの納豆や豆腐は、パッケージを外したらケースに並べて冷蔵庫へ。こうすれば取り出しやすく、1パックだけ迷子になることもありません。

脱！汚部屋テク

08

「見た目すっきり」と「見た目より効率」を暮らしに合わせて使い分ける

整理収納は整理が8割。とはいえ、「すっきり」ばかりを優先させると、逆に暮らしが不便になることもあります。

例えば、大きなテレビ台はない方が絶対にすっきりしますが、そこにものを収めた方が毎日の暮らしの効率が良くなるのであれば、テレビ台はあった方がいい。

見た目をすっきりさせるためにクローゼットの奥にしまい込めば、いざ使う時、クローゼットを開けて、さらにその中の棚を開けて、とアクションが2回、3回に増えてしまうこともあります。すっきりばかりを優先させると、ちょっと面倒くさいことになりか

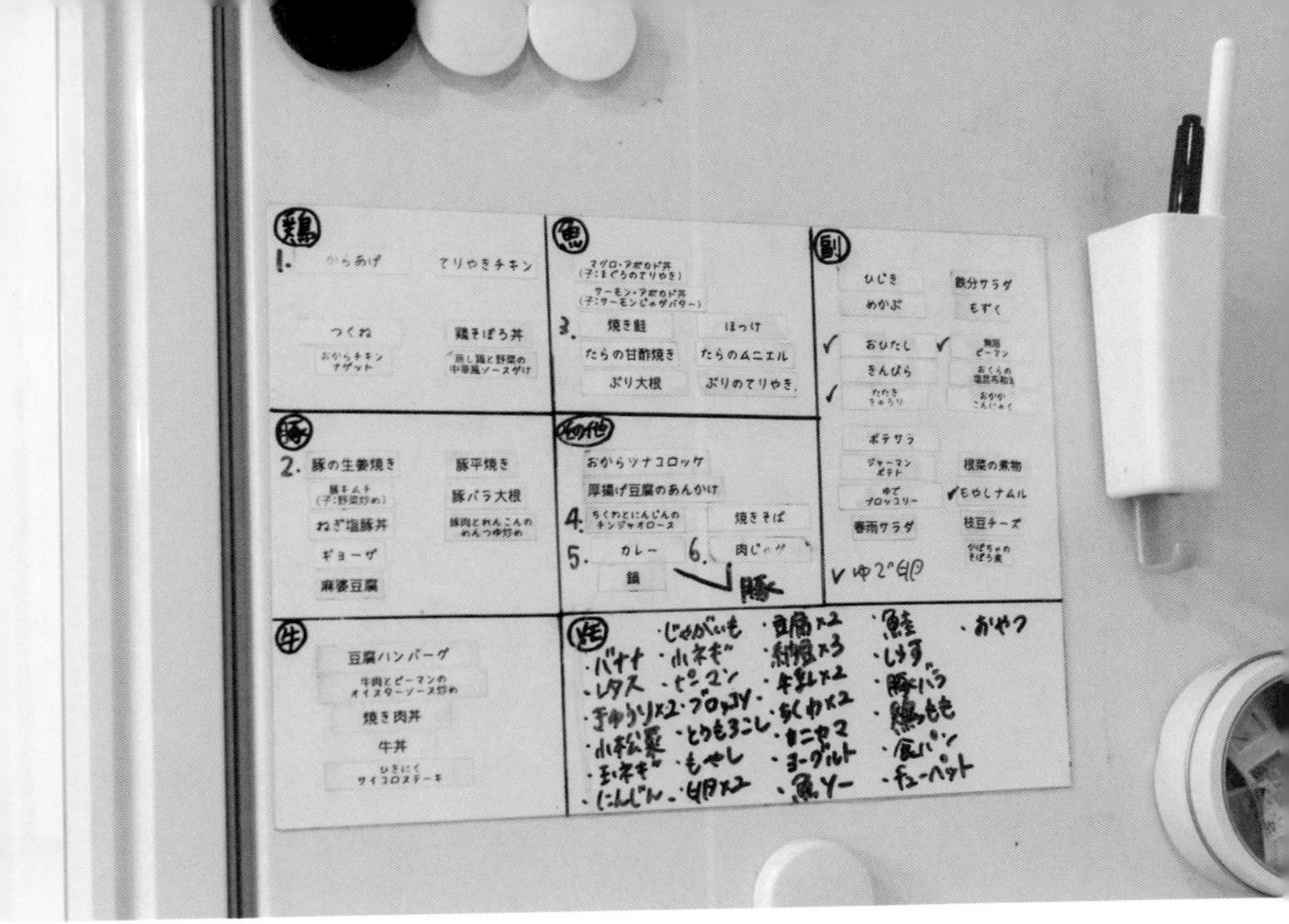

冷蔵庫に貼ってある「ルーティン献立表」（P147）は、見た目のすっきりより、効率を優先。

ねません。だから、私は**「すっきり」と「効率」をバランスよく配分**したい。

本来、壁には何も貼らない方が部屋はすっきりしますが、我が家は子どもたちの掲示板を壁に吊り下げています。子どもたちのスケジュール管理や、自分たちで準備することを想定した時、壁を利用するのが一番効率が良いと判断したからです。

また、冷蔵庫の横には、定番のメニューに絞った1週間の「ルーティン献立表」を貼っています。これも文字でがちゃがちゃして見えますが、なくなりそうな調味料を書いておけば買い

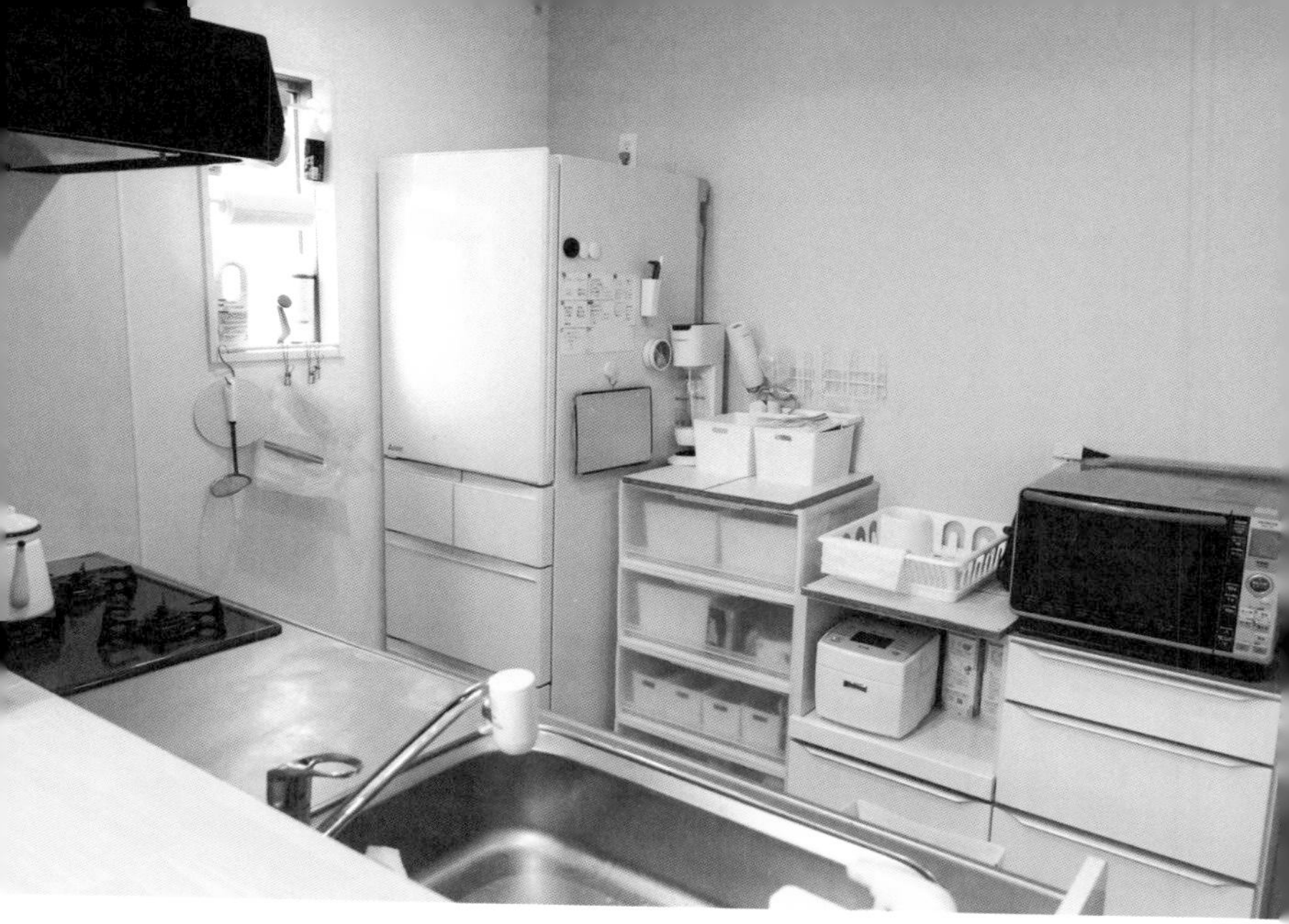

我が家のキッチン。ルーティン献立表で半減したすっきり感は、色を白と黒に揃えることでプラマイゼロに。特に白の配分を多くすれば、部屋も明るくなるのでおすすめです。

忘れも防げるし、これを見て「今日の夕飯は1番がいい！」など、子どもたちとのコミュニケーションツールにもなっているので外せません。

一方で、文字によって半減した「すっきり」感は、インテリアの色でカバーしています。色で悩む場合は白か黒を選ぶのがおすすめで、私は部屋が明るくなるので白に統一しています。

あなたも暮らしに合わせて、「すっきり」と「効率」をうまく使い分けてみませんか？

脱！汚部屋テク

09

片付けは引き算が大事。収納に、時間に、心に、余白をどう生み出すかを考える

整理収納でよくやりがちなのが、「足すことばかりを考える」こと。**空白や余白があると、「もっと何か入れられそうだ」と思ってしまう**んですね。

私が今の家に引っ越してきた当時、キッチンカウンターの下は空っぽでした。別に何も入れるものがなかったのでそのままにしておいたのですが、それを見た母がひと言。

「ここに何か入れられそうじゃない？」

汚部屋時代の私もそうでしたが、余白があるとつい、何かを収めようとする心理が働きます。でも、片付けや整理収納に関しては、余白を埋めようという思考はマイナスにしかなりません。

片付けをする上では、足し算より引き算が大事です。だから私は、持っているものをきれいに収納するのではなく、**「ものを減らすことで、どうやって収納に、時間に、心に、余白を生み出すか」**という思考に切り替えました。

それによくよく考えてみれば、使うものだけに「整理」したから結果的に余白ができたのに、無理に何かを収めようと考えるのは本末転倒です。

余白ができたら、「余白ができたぜ、イェーイ！」と、楽しむ余裕を持ちましょう。

余白ができるのは、ものが少なくなった証拠。空いたスペースを愛でるゆとりを持ちましょう。

脱！汚部屋テク
10

「捨てられない夫」撲滅！徹底的に話し合って落とし所を見つけたれ！

インスタグラムのフォロワーさんから、「夫がものを溜め込みます」「夫がものを捨てられなくて困っています」という相談が多数寄せられます。わかります。我が家もそうでした。夫婦といえど他人。だからこそ、**お互いを尊重する姿勢やコミュニケーションは必要不可欠だし、同じ家に暮らすには一定のルールも必要**です。

「話し合って一緒に片付ける」のもひとつの手だし、「あなたの部屋に関しては、私はノータッチ。いくらでも溜め込んでＯＫ」でもいい。ただ、「それをリビングに置きっぱなしにしたら、即行で捨てるから」というルールにすれば、捨てても文句は言えませんよね。

夫はフィギュアを集めるのが好きで、「どうしてもコレクションを飾りたい」と言う。でも、「年子の男の子がいるんだから、絶対壊されるよ」と言うと、「高価なものだから、それは困る。じゃあ、ガラスケースに飾るのは？」と食い下がる。「いやいや、ケースごと壊して、子どもたちが血だらけになるわ」と即却下。それに、「ものを飾ると掃除が大変になるし、そもそも掃除するのは私だよね？」という押し問答がありまして、「だったらトイレの飾り棚は？　そのスペースに飾れる分だけ」ということで決着しました。

そうやってお互いに、**夫の「ここまでなら頑張れる」と、私の「ここまでなら許せる」を出し合って、すり合わせをして、決めたルールは守ること。**ルールを決めないまま、勝手に夫のものを捨てて喧嘩になるのは後味が悪いので、だったら先に喧嘩しておいて、双方の落とし所を見つけた方が後々お互いが気持ちよく過ごせるはずです。

それに、「みんなで暮らす部屋だから、みんなで心地よく暮らせるように一緒に部屋作りをしていこう」と言えば、夫だってわかってくれるはず。

話し合って、伝え合って、ざっくばらんに言いたいことを言える関係を築いていくことが結局、家族みんなが気持ちよく暮らせる秘訣なのかもしれません。

脱！汚部屋テク

11

6人家族のクローゼット事情！洋服は1シーズン3セットまで。とことん着倒して箱入り娘にしない

我が家の洋服は、寝室のファミリークローゼットに、家族全員分を収納しています。洋服の量はスチールラックで作ったこの収納に収まることを前提に、1人あたり3セットが基本。パジャマは1人2セット、下着や靴下は1人3〜5枚程度です。

大人の服はそうそう汚れたり破れたりしないので、買い替えのサイクルは特に決めていませんが、ひとつ買ったらひとつ捨てる（1in1out）を徹底。また、私の場合は服選びのセンスがなさすぎるので、似合う服だけ固定して着回せるように私服の制服化を断行。こうすれば流行に踊らされず、自分に似合う服だけを選び、買いすぎることもありません。

寝室にある我が家のファミリークローゼット。上段左が夫、右が私、下段左は子どもたちのオンシーズン服（左から長男、次男、長女）、右が子どもたちのオフシーズン服。上に乗せている箱には人別にオフシーズンの水着やサンダル、パジャマや下着などを収納。

ラックの上の箱には、オフシーズンのアイテムを入れて人別で管理。こうすれば、誰が何をどれだけ持っているのかも一目瞭然です。

子ども服も、１人あたり１シーズン３セットが基本。娘の服だけはどうしても減らせないのですが、多くても１週間毎日違う服が着られる７セットまでと決めています。キャパの小さい私には、これが管理できる限界。それでも、子ども４人、６人家族ともなると相当な量です。

このサイクルなら季節ごとに買い替えるので衣替えもいらないし、サイズが合わなくなることもありません。枚数を絞ってとことん着倒して、もはやお下がりに残せない状態になるので、もったいないと思う気も起きません。洋服だってたくさん着てもらってこそ意義があるはずだから。

私は昔、いただいたブランドのロンパースがもったいなくて着せられず、結局２、３回でサイズアウトしたことがありました。洋服をくれた人にも申し訳ないし、洋服だって寿命をまっとうした方が嬉しかったはず。それからは**「ものはとことん使い倒して、箱入り娘にしちゃいけない」**と考えるようになりました。

よく、「お下がりってどのくらい残しておきますか？」と聞かれますが、状態の良い子ども服だとしても、**残しておくのは3年まで、**と決めています。それ以上は収納スペースや管理の手間の方が大変だし、5年、10年も経てばママの年齢も上がって、子どもに着せたい服の好みも変わってくるから。

私は長男と次男がまだ小さい頃、派手めな服が好きだったんです。そのうちの1着を思い出服として残しておいて三男が生まれた時に着せたのですが、その時はすでに私の好みがシンプル系に変わっていたので、なんだか恥ずかしくなって着せるのをやめました。

今は1着数百円で買える子ども服もあるし、子どももお下がりより新しい方がきっと嬉しいですよね。

子ども服は基本1人3着。とことん着倒してシーズンごとに買い替えます。

脱！汚部屋テク

12

おもちゃ収納は枠とルールを決めるべし。定期的な見直しで判断力も養える！

子どもがいる家庭の片付けで頭を悩ませることのひとつが、おもちゃの収納ではないでしょうか。我が家も試行錯誤の末、ようやく今の形に落ち着きました。といっても、**使うものだけに絞って、収納にぶち込むだけ。その収納の枠から溢れるようになったら見直しのタイミング**です。

以前は、使いやすいように細かく分けたこともありましたが、結局、細かく分ければ分けるほど子どもたちが片付けをやらなくなったのでやめました。本人たちも、それで不便はなさそうだし。

それに、よく使うおもちゃと、あまり使わないおもちゃの見直しは定期的にしているので、ここでも**「よく使うものだけに囲まれていれば、収納なんてぶち込むだけでいい」**という結論になりました。

見直しのタイミングは、クリスマスとか誕生日とか、おもちゃが増える時期の少し前。また、突発的におもちゃをいただくこともあるので、とにかく溢れたら見直し、を徹底しています。

おもちゃの見直しは、子どもたちと一緒にやります。最初は全部残したがりますが、「これ使っているの？」「何の遊びで使うの？」と声をかけながら**ものと向き合うことで、子**

我が家のおもちゃ収納

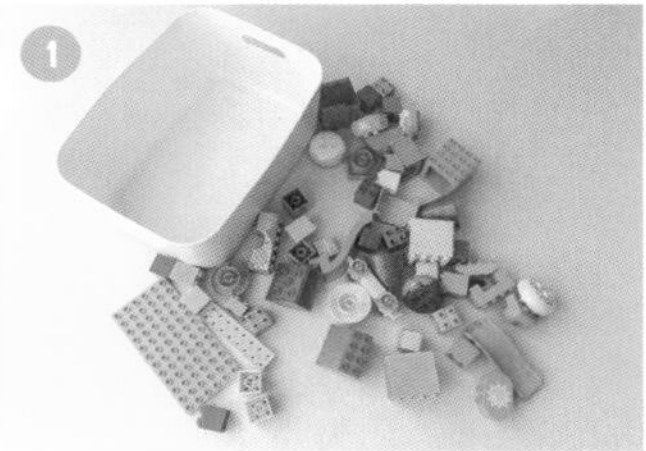

散らかしたおもちゃは……。

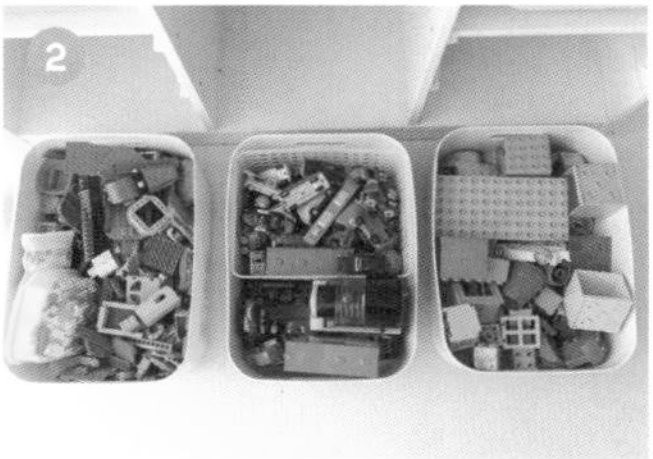

ケースにぶち込むだけ。

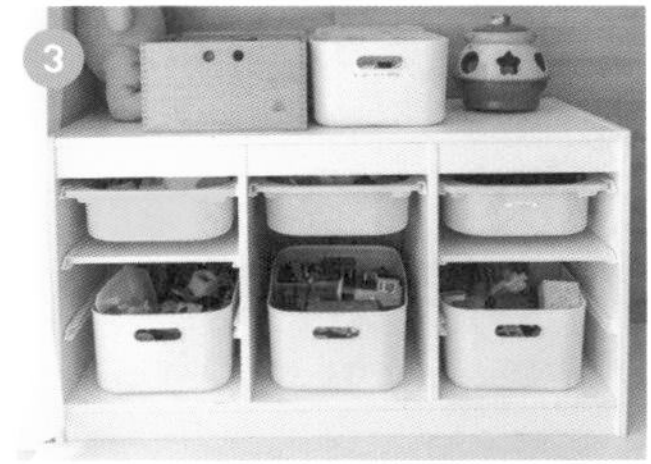

ケースを揃えれば見た目もすっきり。

ども自身にも判断する力がついてきます。

子どもと一緒に手放していくのは年少さんくらいからですが、それまではおもちゃを1軍と2軍に分けていました。2軍のおもちゃはクローゼットに。時々1軍のおもちゃと入れ替えてあげると、「新しいおもちゃが来た感」があってテンション爆上がりでした。

適正量は家庭によって違うと思うので、まず、今あるものと向き合って、適正な枠を決めてあげることが大切です。

子どもも基準がわからなければ、おもちゃはどんどん増えるものだと思うはず。親が「ここまで」という枠を作って、**「使っていないものは手放す」「枠からはみ出す場合は、はみ出した分は捨てる」というルールを決めてあげましょう。**

また、じぃじとばぁばには、事前におもちゃを買うのは「特別な時だけに」とお願いしてあります。そうやってものを増やさないようにすることも大事です。

おもちゃが多すぎて部屋の中で遊ぶスペースがなくなってしまったら、それこそ本末転倒。広いお遊びスペースを確保して楽しく遊ぶためにも、枠を決め、増えそうになったら見直す、を徹底しましょう。

脱！汚部屋テク

13

増え続ける子どもの作品！思い入れの強いものだけ現物保存。1人1ボックスを前提に親子で厳選

どんどん増えていくのに、なかなか捨てられないのが子どもたちの作品です。私は**1人1箱ずつ作品ボックスを用意して、その中に厳選して収納**しています。

幼稚園の時は私が選んでいましたが、小学生になってからは自分たちで決めさせています。他にも「ママはこれを残して欲しい」というものがあれば、それも現物確保。箱に収まることを前提に厳選しています。

長男の作品ボックス、使用しているのはIKEAのTJENA（ティエナ）。残すのは、この箱に入る分だけと決めています。

作品を写真に残す方法も考えましたが、子どもが多いと、厳選してもそのすべてを写真に収める手間も時間もかかりすぎて、我が家には現実的ではないのでやめました。それに、**思い入れが強いものだけ残した方が、見返した時の感動もひとしお。**クレヨンの絵のそばにちっちゃい指紋が残っていたりして、こんな小さい手だったのだと思い出に浸れるのも現物ならではですよね。

箱は縦32㎝、横35㎝、高さ32㎝でさほど大きくはありませんが、それでも4つ分あればそれなりのスペースを取りますからこれが限界。箱より大きな画用紙などは、畳んでファイリングして保管しています。

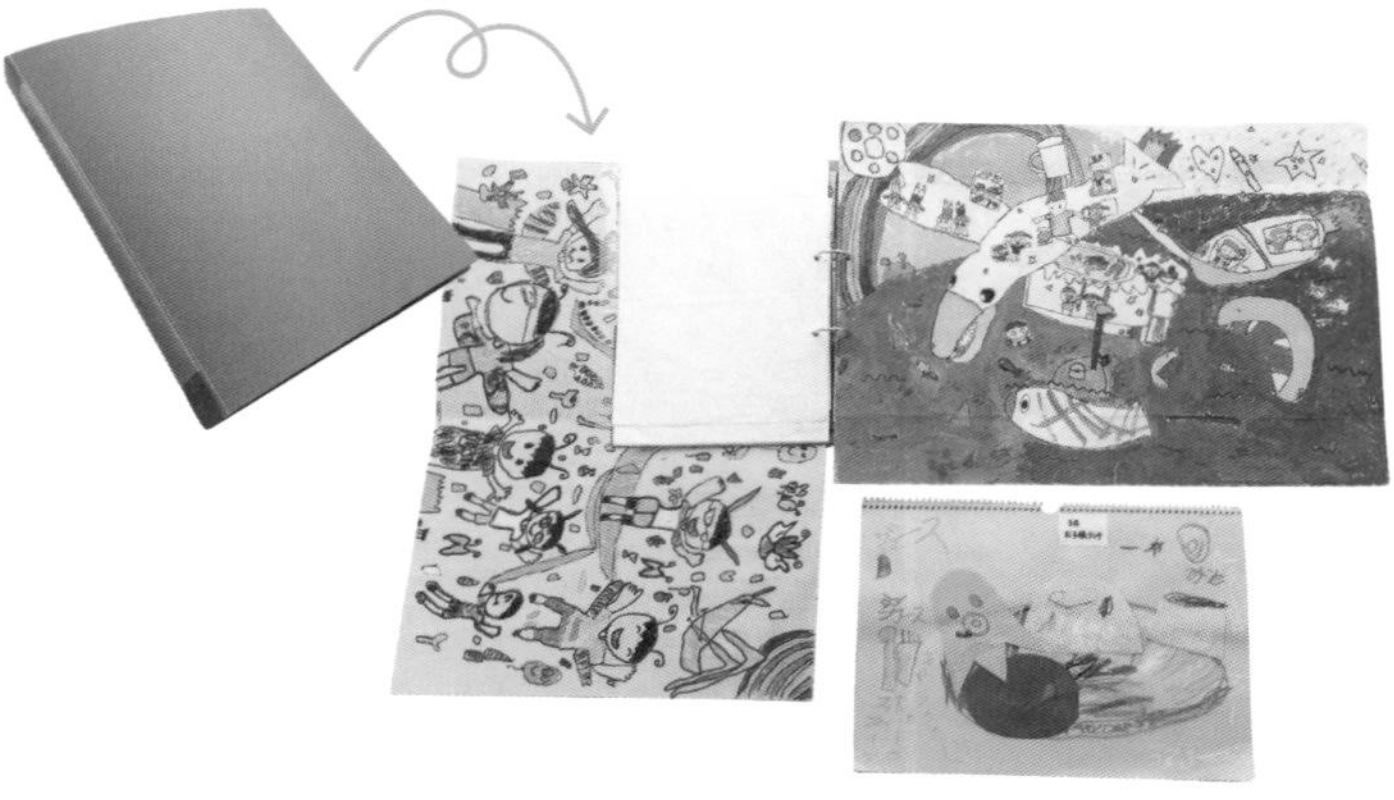

長男の成長がわかる作品たち。そのまま入るものは放り込みますが、大きいサイズの作品は折り畳んでファイリング。

脱！汚部屋テク

14

片付けるその前に、覚えておきたいNG行動。無駄遣いがなくなる部屋に整えて我が家を最高のパワースポットに！

さぁ、片付けるぞー！と一歩踏み出したあなた、最高です。天才です。女神です。

でもちょっと待って。せっかくの行動力が無駄にならないように、片付けを始める前に、まずはやりがちな失敗行動を把握しておきましょう。

やりがちなNG行動5か条

①小物収納を買い足す

何度も言いますが、整理収納で大切なのは整理が8割。片付けには収納が必要、という思い込みはきっぱり捨てて、まずは使っていないものを追い出すことに専念しましょう。収納を考えるのは、最終段階だと心得て。

②余白キラーになる

「何か入れられる」という時点で、すでに何も入れる必要はありません。入れる必要が出てきたら考えればいいだけ。せっかくできた余白を楽しむことを覚えましょう。

③収納テクを追い求める

こちらも何度も言います。必要なものだけに囲まれていたら、収納テクなんて必要ありません。収納テクに固執して、不要な収納グッズを買わないように気をつけて。

④シンデレラ・フィット信者になる

本来のシンデレラ・フィットとは、「自分の暮らしにフィットしている」ということ。入れるものがないのに、シンデレラ・フィット収納を目指す必要はありません。

⑤他人のものを勝手に捨てる

例えば1年以上もほったらかしになっている夫の書類も、必ず確認を取ってから捨てています。子どものものも同じこと。どうして必要なのかが明確であれば、収納の枠に収まる範囲で残しておきます。

脱！汚部屋テク

15

整理した状態をキープ！ 汚部屋リバウンドの原因は徹底排除、モヤッとしたら見直しのチャンス

冷蔵庫1段から始めた片付けも、ようやく家の中全体が終わって、あーすっきり！でもちょっと待って。片付けは1度やったら終わりだと思っていませんか？

整理収納もダイエットと同じで、1度すっきりさせた後も、ものの買い方、持ち方を変えなければたちまちリバウンドしてしまいます。

ものって出ていく量より、入ってくる量の方が圧倒的に多いんですよ。"あいつら"は勝手に入ってくるくせに、勝手には出ていってくれません。だから、リバウンドしないためには、こちらが積極的に出さないといけません。

例えば、学校や幼稚園、保育園のお便りは、もらったらすぐに確認して、必要なもの以外、要らないものは即ゴミ箱行き。授業参観のお知らせとか、時間割とか、給食表などは、子どもたちの掲示板に貼っておきます。**溜めれば溜めるほど面倒くさくなるから、こうしたちょこちょこ見直しは、その日のうちに手をつけます。**

引っ越しや転職、出産や子どもの入園・入学・進学など、**ライフステージの節目は、がっつり見直しのタイミングです。**また、家を整えた後で実際に生活してみると、「ちょっと違うな」とモヤッとすることがあります。

この「モヤッ」を感じるのは、収納が今の暮らしに合っていないということなので、収納場所や物量を見直します。新しくものが増える時やものが枠からはみ出した時も同じ。

見直しといっても、そもそも大枠はすでに決まっているので、大工事は必要ありません。そうやって収納を見直していくことで、リバウンドも防げます。

それでもリバウンドする場合には、他に原因があるはずです。次のような場合は、しっかりと対策しておきましょう。

整理収納リバウンドの原因

①片付ける前と行動が同じ

せっかく片付けても、汚部屋時代と同じ行動をしていたら、また逆戻りするのは目に見えています。便利グッズや流行に踊らされていないか。1個買ったら1個捨てる、を徹底しているか。ものを買う前に今一度、自問自答する癖をつけましょう。

②整理の仕方が中途半端

初めに中身を全部出して、要・不要の判別をしていないと、リバウンドしやすくなります。リバウンドした場所の「全部出し→要・不要の判別」を徹底的にやりましょう。

③ものの住所が決まっていない

しまう場所があって、初めて収納は成立します。住所が決まっていなければ、散らかるのは当たり前です。

④収納場所と行動動線が合っていない

必要なものだけに絞った後は、使用頻度や行動動線に合わせた収納場所を考えてあげる必要があります。自分の動線上に、よく使うものがあるかどうかを確認しましょう。

⑤片付け＝自分の視界から消す、の勘違い

整理収納は、毎日を暮らしやすくするためのものです。ものが目に触れないように、クローゼットに押し込むことではありません。

⑥一気にやりすぎ

片付けに熱が入りすぎ、「整理収納ハイ」になってあれもこれも捨てすぎていませんか？　まずは引き出し1段から、少しずつ整理していくことで「整理脳」が作られて、要・不要の判断も自分のものになっていきます。

この本で紹介する片付けの最終目標は、**無駄遣いがなくなる部屋**。その心は、**「持ち物すべてを把握していて、持っている目的が明確、行動動線に合った住所が決まっていて、妥協なく選んだお気に入りだけに囲まれていること」**です。

部屋が片付いて家にいるのが一番快適なら、無駄な外出も出費も減っていきます。

どこかの神社へお参りに行くより、家を片付けた方がよっぽど金運のご利益がありますよ。整った我が家は最高のパワースポット！

さあ、早速今から片付けを始めてみましょう！

CHAPTER 2

節約？ 貯金？
何のこと？
ぜんっぜん
お金が

ない！

A SLOPPY MOTHER OF FOUR
CLEANED UP HER HOUSE,
THEN SAVED 10 MILLION YEN

BEFORE

貯蓄ゼロ、知識ゼロの超絶お金オンチ！まさかの借金生活に逆戻り？

独身時代、消費者金融に総額１００万円の借金をこしらえ、そこから丸１年かけて完済した経緯はプロローグで触れました。その後、27歳で結婚をした時には借金こそなかったものの、貯蓄はゼロ、お金の知識ももちろんゼロ！　あればあるだけ使って、児童手当だって、「それってボーナス？　イェーイ！」ってくらいのとんでもないお金オンチでした（汗）。

そんな中、長男が生まれて3か月が過ぎた頃、我が家に突如、国民年金の特別催告状と住民税の支払い書が届いたのです。

「これをスルーしたら、いつまでもこいつら（催告状）が追いかけてくる！」と恐れ慄き、結婚祝いや出産祝いで当時60万円ほど手元にあったお金を支払いにあてたら、あっという間に貯金はゼロに逆戻り。

自分１人ならまだしも、「子どももいるのに、また、あの借金生活には絶対に戻れない！」と、敗者復活よろしく、「子どもたち１人に教育費１０００万円ずつ貯める」と誓ったのです。

AFTER

猛勉強＆迷走の末にたどり着いた家計管理で貯蓄１０００万円を達成！

そう意気込んではみたものの、それまでお金に無頓着だった私は、どこで、どの程度お金をかけすぎているのか見当もつきません。

手始めに一番手をつけやすい食費を削ろうとしましたが、ほとんど効果はありませんでした。家計簿実例の雑誌記事などを読んでも、収入や家族構成、住んでいる場所や人生の価値観も違うから、何が普通なのかもさっぱりわからず。

そこで、「プロの知識に頼ろう」と、家計管理の本をたくさん読み漁りました。当時は本を買うお金さえも惜しかったので、もっぱら図書館を利用。それに住民税を払っているのだから、図書館を利用しない手はない！　図書館で子どもたちに本を読ませている間、自分はひたすらお金の勉強をしました。

そうして知識をつけていく中でわかったのが、**家計管理には、どのくらいの収入があって、何にどのくらいの支出があるのかという現状把握が何よりも大事だということ。そして、家計の正常化を図るためにはまず、「固定費」から見直しを始めるのが定石**だということです。

なんと食費は最後だと！

そして、「固定費の何をどれだけ減らせばいいんだろう」と思った時に、横山光昭先生の「家計の黄金比率」を見つけたんです。とてもわかりやすかったので、これに合わせて整えていくことにしました。

固定費の中でも、我が家は特に住居費の比率が高かったので郊外に転居。その他の固定費も見直しながら家計を整えていくうちに先取り貯蓄もできるようになり、貯蓄ゼロからおよそ10年をかけて現在に至ります。

今になって思えば、**みんなが口を揃えて言うことは、「それが最短ルートであり、**

正解」だということです。家計管理で検索すれば、本も情報もたくさんヒットします。そうした先人たちが導き出した答えが出ているのであれば、それを真似しない手はありません。

この章では私が家計を整えるためにやった、管理法や節約術のあれこれを紹介しています。できそうだなと思うものがあればぜひ、試してみてください。

片付けと同じで、とにかくまずは、やってみなはれ！

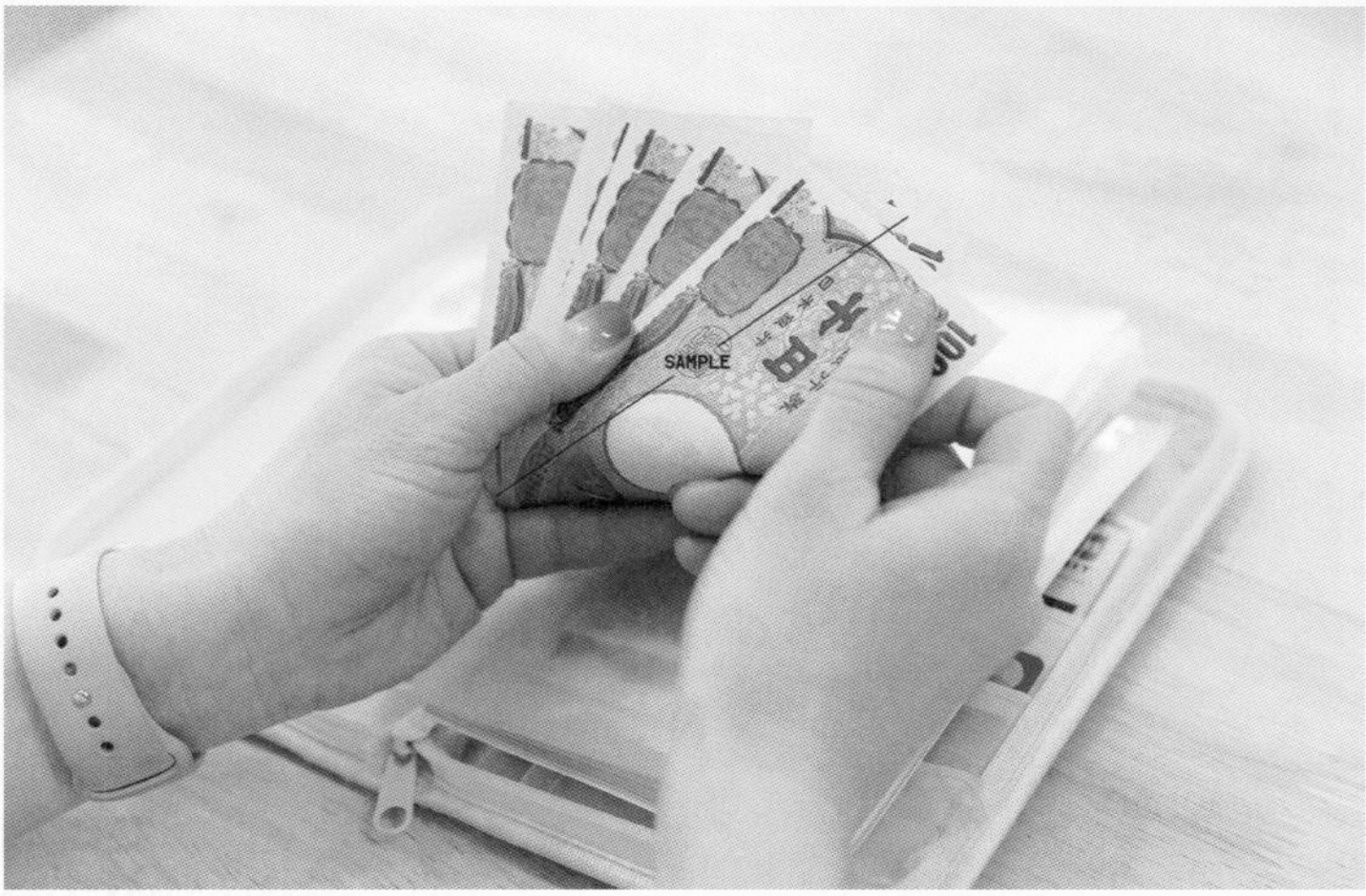

自分に合った家計管理の方法が見つかれば、楽しく継続できるはず。

「いいものは即採用!
“正解”を知ったら
できることから
取り入れて」

なごみ一流

借金100万円→貯蓄1000万円

敗者復活の家計管理術

1 35日家計簿

＝

7日×5週間＝35日1クールの1週間単位で家計をやりくり!

2 袋分け現金管理

＝

現金管理でお金を見える化。面倒くささが消費減退のカギ!

3 貯蓄と投資（先取り貯金とつみたてNISA）

＝

お金にも働いてもらうため子ども資金は長期投資で!

4 節約術

＝

生活習慣、ふるさと納税、ポイ活できることを複合的に継続中!

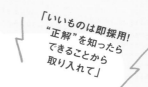

脱！お金オンチテク

01

「ものを溜めるな、お金を貯めろ！」
「ものを溜めるな、知識を貯めろ！」
「ものを溜めるな、体験を貯めろ！」

インスタグラムやツイッターなど、SNSでは日々、素敵な暮らしが投稿されています。あんな部屋に住みたい、こんな暮らしがしてみたい。いいなぁ、羨ましいなぁ。私にとっても永遠のテーマです。家計管理のSNSもそう。「○○○○万円貯まりました！」という人のアカウントにはもれなく、「こんなに収入があるなら、貯められて当たり前」というコメントがついています。

私も1000万円というと、「貯まるのは収入が高いからでしょ？」と思われがちですが、そうじゃないんです。**収入が高くても貯まらない人は貯まらないし、収入が低く**

ても貯められる人はいます。仮に10年前の我が家に、今と同じ収入があったとしても、全額散財していたことでしょう。貯めている人たちは、SNSでは見えないところで、支出を減らす努力とか、収入を増やす努力をしながら貯まる仕組みを作り、それを地道に継続しているだけ。

お医者さんの収入は確かに多いかもしれませんが、そういう人たちは学生時代に私とは比べものにならないくらい勉強をしたから、医者になれたはず。芸能人だってそう。私がぐだぐだとアニメを観ている間に、きっと筋トレなんかをして美ボディを保っているはずです。

みんな見せていないだけで、裏では大変な努力をしているのに、見えているものだけを羨ましいって思うのはちょっと違う気がします。だって私は、その人たちと同じだけの努力をしていないのかもしれないから。

だったらこれからは羨むのではなく、**その人がやっていることを分析して、真似てみる**のはどうでしょう?

私の原点も、「この人がやっていることと、私のやっていることと何が違うのだろう?」「この人がやっていて、私がやっていないことはなんだろう?」という疑問と真似からでした。

トライ&エラーがあったとしても、そこに至るまでに培った暮らし方や知恵、行動力にこそ、価値があると思うのです。情報は、羨むのではなく活用して、自分の血や肉にしていきましょう！

比べるべきは他人ではなく、いつだって「過去の自分」。私だって、借金100万円あった頃の自分と比べたら、収入の範囲内で暮らせて貯金もできるようになりました。もう、我ながらすんごい成長です‼

「ものを溜める↓部屋がごちゃつく↓ごちゃついた部屋にストレスを溜める↓買い物でストレス解消↓ものが溜まる」という負の無限ループに陥っていた私がここまで成長できたのは、

「ものを溜めるな、お金を貯めろ！」
「ものを溜めるな、知識を貯めろ！」
「ものを溜めるな、体験を貯めろ！」

を教訓にしていたから。

ものを買うことでのストレス発散をやめれば、無駄遣いはぐっと減ります。

ものを溜める代わりに知識を増やすことを意識すれば、読書習慣が身につきます。ものを選ぶ代わりにお金の本や生活の知恵の本を選べば、暮らし力もアップします。

また、本からの知識だけでは補足できないことも多々あります。家計管理もそう。袋分け家計簿、レシート貼るだけ家計簿、家計簿アプリなどさまざまな方法がありますが、どれが自分に合っているかはやってみないとわかりません。まずはやってみて、自分に合わなかったら別の方法に変えればいいだけ。これは実際に体験をすることでしか得られません。

そうやって、赤字脱却のためにやむにやまれず家計を整えていく中で、家計管理とは**「欲望に優先順位を付ける行為」**だということにも気がつきました。

我が家の場合、年に１度の家族旅行は大盤振る舞いすると決めています。家族はもちろん、私にとっても最高のご褒美！　これがあるから、毎日の節約や家計管理も頑張れるのです。

家族で心置きなくご褒美旅行ができるように、今日も家計簿とにらめっこ。

脱！お金オンチテク

02

お金の流れは簡潔に。クレカ封印、現金払いでお金を見える化使えばなくなる、を身体に刷り込め！

家計を整える中で一番大変だったのが、0から100万円を貯めるまで。突きつけられる現実、使いたい額と使える額のギャップ、自分の欲望との闘い……。そして、正しいお金の知識を身につけることや、自分の中のお金の常識を疑うことすらも必要でした。この時期は一番自分の「お金筋肉」をつけた時期でもあります。

この時に実行したのが、クレジットカードの封印です。最初の頃、現金で足りない分はクレジットカードで払い、翌月はその支払い（前借り）に家計が圧迫され、また赤字……という状態でした。**この負のループから脱却するため、一旦すべてを現金払いに戻**

して家計の正常化を図ることにしたのです。

そもそも、過去に使った分を翌月の収入から賄おうとすること自体がおかしな状態で、支払った分の現金を持ち合わせていないなら、それは買っちゃいけないものなのです。

すべて現金で管理する方法は、目に見えないお金の動きや誘惑に弱いタイプの人には効果的です。同じ理由で固定費の支払いも一旦、すべて振り込み用紙にしていた時期がありました。そうやってお金の流れを見える化して、「払ったらお金はなくなる」という感覚を徹底して身体に刷り込む。その感覚が掴めるようになったら徐々に、クレジットカードや口座引き落としに戻す。

私の場合、クレジットカードを全部封印したのち、手取り月収から10％の先取り貯蓄を半年継続できるようになったら、まず固定費の支払いからカードを解禁していきました。

現在使っているクレジットカード。メインで使っているのは楽天カード。

脱！お金オンチテク

03

項目は固定費、やりくり費、特別費に三分。家計の見直しは固定費から、「想定外をいかになくすか」がカギ

私がフォロワーさんたちと交流していく中で、「さあ、家計管理を始めよう」と思った時、最初の一歩でつまずく方が多いことに気がつきました。

それは、ポイントで支払った分は家計簿に書くか否かとか、サランラップは食費と日用品費どっちなのか、とか。細かいところにつまずいて、挫折してしまう人が多かったのです。それだけみんな真剣に家計と向き合い、なんとかしたいと頑張っているのに、そこで挫折してしまってはもったいない！

なので、**我が家は大きく固定費、やりくり費、特別費に三分**することにしました。

固定費

住居費や通信料、保険料、電気・ガス・水道代、など。本章の初めに書いたように、**家計を整えるにはまず、この固定費から見直し**ていきます。

具体的には、キャリア携帯から格安ＳＩＭへの乗り換えや保険料の見直し、月収に見合った住居への引っ越しやローンの借り換え、より安い電気・ガス会社への乗り換えなどです。固定費は１度見直せばその後は継続的な節約効果があります。契約手続きなどが面倒に感じられやすいですが、今はネットで完結できるものも多くあります。

なお固定費は、支払う月と実際に使った月が１か月ずれることになります。例えば、５月分の請求が来るのは翌月なので６月のお給料で支払うのは５月分ですが、６月の家計簿にはその月に支払った５月分をそのまま記入します。

やりくり費

一般的に変動費と呼ばれるもので、食費や日用品費など、その名の通り毎月金額が変

動する支出のことです。我が家のやりくり費は、食費、日用品費、ガソリン代、レジャー・外食代、その他雑費を計上しています。やりくり費は、使いすぎ防止の目安として項目ごとの予算設定はしているものの、全体のやりくり費予算内に収まれば何に使ってもＯＫ、のざっくりルールにしています。

このルールにしておけば、「サランラップは食費か日用品費か問題」に頭を悩ませる必要はありません。家計簿には、使った日付と買ったお店、使った金額とやりくり費の残金さえ書ければＯＫ！

ポイントで支払った分は、やりくり費から使ったものとして計上して、その分の現金を別で残しておけば、普段より多く貯蓄に回したり、予備費としてプールしておくこともできます。一方で、赤字になりそうな時の対策としてポイントを使い、家計簿には「ポイントで補てん」などと明記しておけば、ポイント分も含めて何にいくら使ったのかを後で見返すことができます。どちらでも大きな問題はありません。

「赤字にしない」というのが何よりも大事ですから。

家計簿は、後で見返して改善するための道具に過ぎません。あまり細かいことまでは気にせず、まずは「予算内に収める」ということを意識していきましょう！

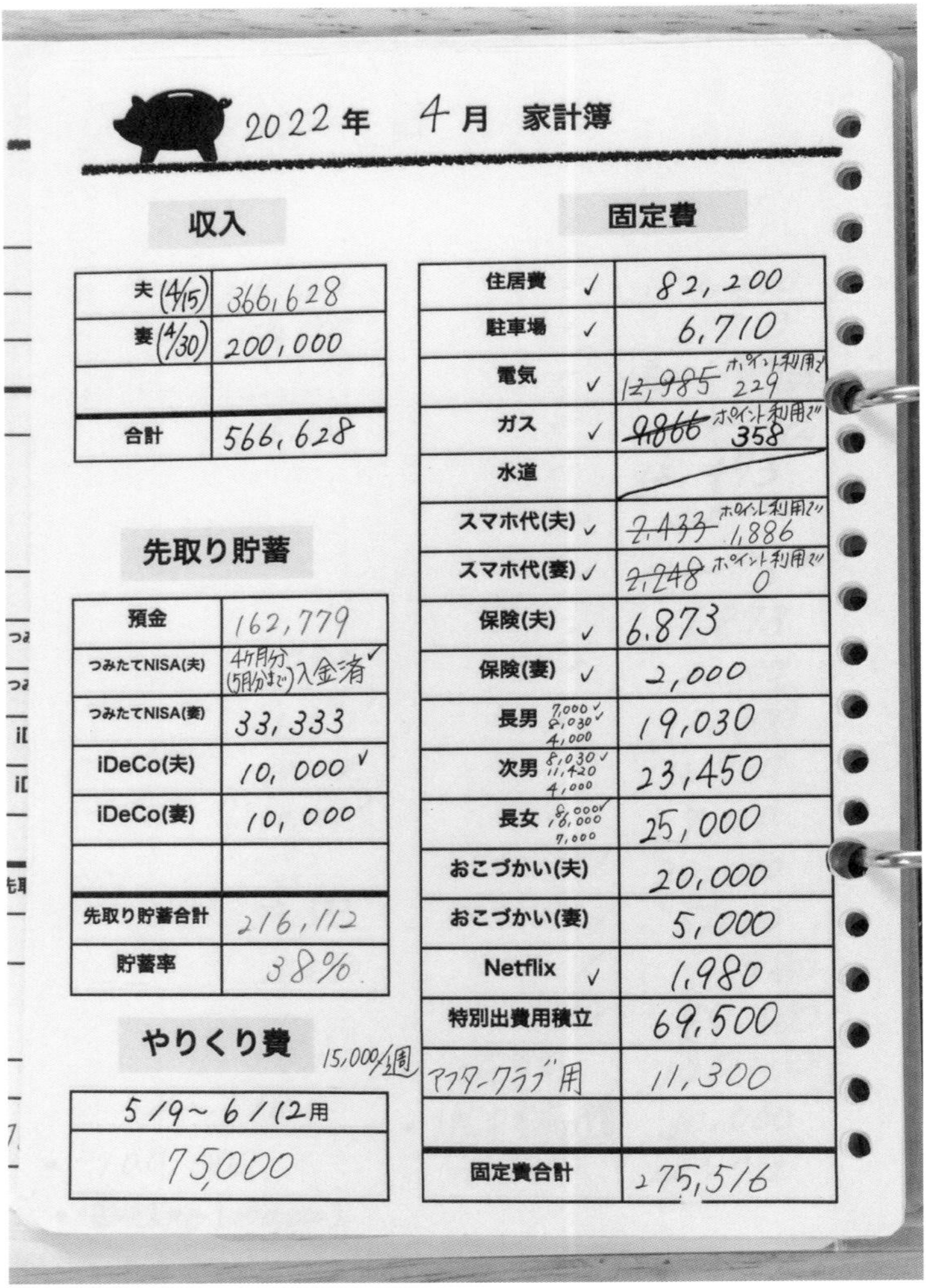
2022年　4月　家計簿

収入

夫(4/15)	366,628
妻(4/30)	200,000
合計	566,628

先取り貯蓄

預金	162,779
つみたてNISA(夫)	4ヶ月分(5月分まで)入金済✓
つみたてNISA(妻)	33,333
iDeCo(夫)	10,000 ✓
iDeCo(妻)	10,000
先取り貯蓄合計	216,112
貯蓄率	38%

やりくり費　15,000/週

5/9～6/12用
75,000

固定費

住居費 ✓	82,200
駐車場 ✓	6,710
電気 ✓	~~12,985~~ ポイント利用で 229
ガス ✓	~~9,866~~ ポイント利用で 358
水道	
スマホ代(夫) ✓	~~2,433~~ ポイント利用で 1,886
スマホ代(妻) ✓	~~2,248~~ ポイント利用で 0
保険(夫) ✓	6,873
保険(妻) ✓	2,000
長男 7,000✓ 8,030✓ 4,000	19,030
次男 8,030✓ 11,420 4,000	23,450
長女 8,000✓ 10,000 7,000	25,000
おこづかい(夫)	20,000
おこづかい(妻)	5,000
Netflix ✓	1,980
特別出費用積立	69,500
アフタークラブ用	11,300
固定費合計	275,516

我が家の固定費とやりくり費の内訳はこんな感じです。

特別費

「毎月ではないけれど、年間通して必ず支払うお金」のこと。自動車税のために貯蓄を崩した、幼稚園からの1万円近い集金に慌てた、といったことが誰しも1度は経験があるのではないでしょうか。こういった、「1～2年以内に必ず支払うお金」は貯蓄とは別で残しておけば、想定外の出費をある程度防ぐことができます。

誕生日やクリスマス、母の日や父の日の各種プレゼント代、自動車税、旅行や帰省費、子どもたちの長期休み中に増える食費、幼稚園に支払う施設費や小学校に支払う教材費、家電用の積み立てなどがこれにあたります。

2年に1回支払いのもの（家賃の更新や車検など）は、1回分を半額で計上して2年かけて積み立てておきます。

ただし、特別費が多くてお金が全然貯まらない、ということにもなりやすいので注意が必要です。特別費を試算した後、あまりに金額が多すぎる場合は自分で調整できる項目（プレゼント代や旅行費など）の予算の減額も検討し、貯蓄額もしっかり確保できるようにしていきましょう。

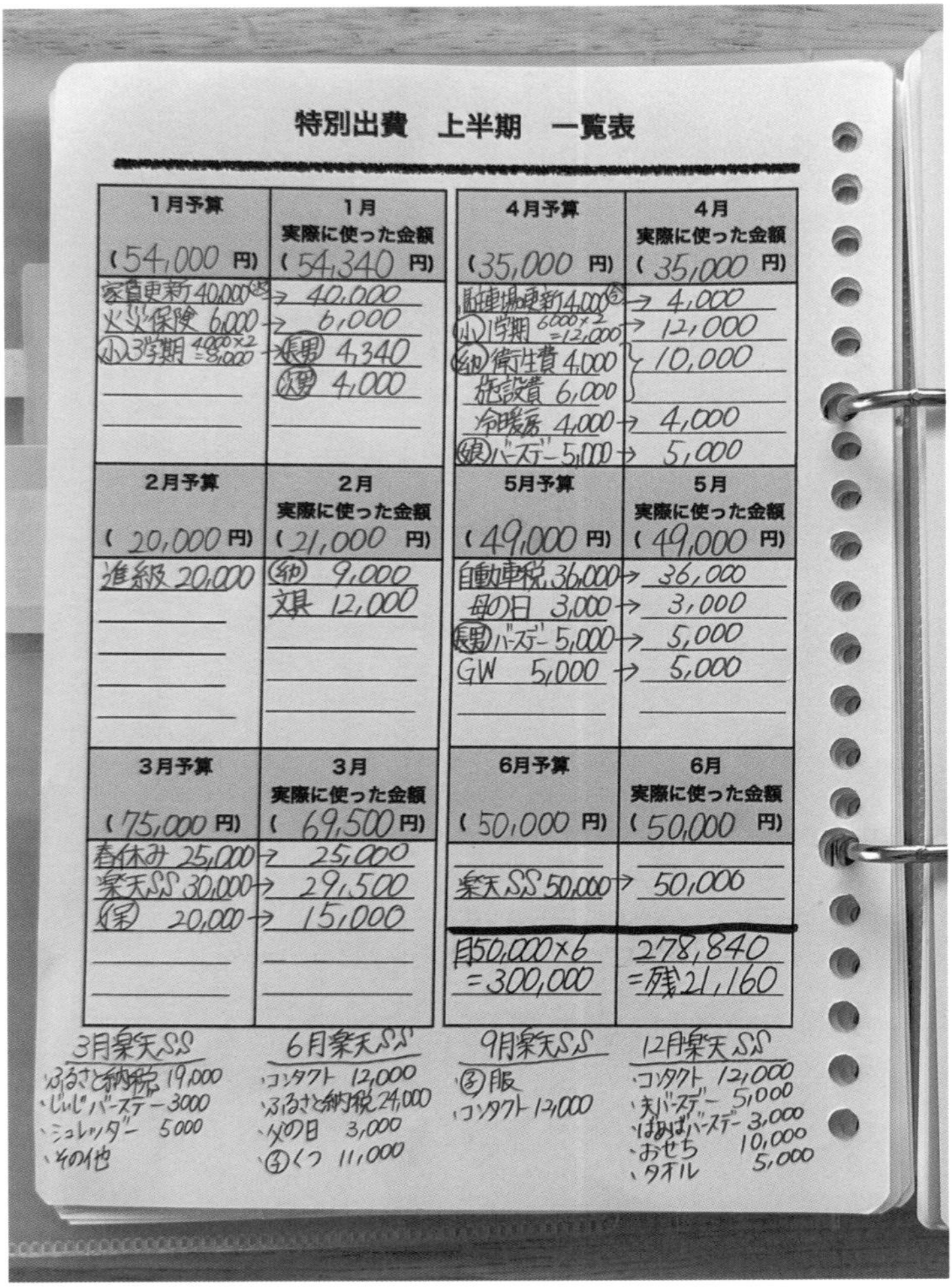

特別出費　上半期　一覧表

1月予算 (54,000円)	1月 実際に使った金額 (54,340円)	4月予算 (35,000円)	4月 実際に使った金額 (35,000円)
家賃更新 40,000	→ 40,000	駐車場更新 4,000	→ 4,000
火災保険 6,000	→ 6,000	(小) 1学期 6,000×2 =12,000	→ 12,000
(小) 3学期 4000×2 =8,000	→ (長男) 4,340	(幼) 衛生費 4,000	→ 10,000
	(次男) 4,000	施設費 6,000	
		冷暖房 4,000	→ 4,000
		(娘) バースデー 5,000	→ 5,000

2月予算 (20,000円)	2月 実際に使った金額 (21,000円)	5月予算 (49,000円)	5月 実際に使った金額 (49,000円)
進級 20,000	(幼) 9,000	自動車税 36,000	→ 36,000
	文具 12,000	母の日 3,000	→ 3,000
		(長男) バースデー 5,000	→ 5,000
		GW 5,000	→ 5,000

3月予算 (75,000円)	3月 実際に使った金額 (69,500円)	6月予算 (50,000円)	6月 実際に使った金額 (50,000円)
春休み 25,000	→ 25,000	楽天SS 50,000	→ 50,000
楽天SS 30,000	→ 29,500	月50,000×6 =300,000	278,840 =残21,160
(保) 20,000	→ 15,000		

3月楽天SS
・ふるさと納税 19,000
・じぃじバースデー 3000
・シュレッダー 5000
・その他

6月楽天SS
・コンタクト 12,000
・ふるさと納税 24,000
・父の日 3,000
・(子) くつ 11,000

9月楽天SS
・(子) 服
・コンタクト 12,000

12月楽天SS
・コンタクト 12,000
・夫バースデー 5,000
・ばぁばバースデー 3,000
・おせち 10,000
・タオル 5,000

我が家の上半期の特別費予算と使ったお金の内訳。楽天スーパーセールに合わせて買いたいものもメモしています。

長男が生後3か月の頃、再び貯蓄0円になった要因は、本来なら毎月積み立てておかなければならなかった国民年金と住民税のせいでした。せっかく貯めたのに、自分の想定外で貯蓄が減ることほど悔しいことはありません。

だから、**将来発生するであろう支出を先に書き出して把握しておき、事前に特別費としてプールしておくことは貯まる家計を作る上で必要不可欠**です。

特別費はボーナスから賄う方法もありますが、我が家はボーナスがなかったので、毎月積み立てる方法を採用しています。

家計管理のポイントは、「想定外をいかになくすか」。ただし、冠婚葬祭ばかりは把握しようがないので、あった場合は「残し貯め」（やりくり費などの支出後に余ったお金）や「予備費」から、それでも足りない場合は月の貯蓄を減らして賄っています。

なごみ一家の家計費項目内訳

項目	内容
先取り貯蓄	● 預金 ● つみたてNISA ● iDeCo
固定費	● 家賃 ● 水道光熱費 ● スマホ代 ● 保険料 ● 子ども費(保育料や給食費、習い事) ● お小遣い ● サブスクリプション
やりくり費（変動費）	● 食費 ● 日用品費 ● ガソリン代 ● レジャー・外食代 ● その他雑費 (医療費や下着などの被服費、園や小学校の少額の集金やイベント時の写真購入代など)
特別費	例:家賃更新費、年払い保険料、誕生日、母の日・父の日、クリスマス、車検費用、予防接種、ふるさと納税、被服費、楽天スーパーセール用、コンタクトレンズ代、旅行費用、長期休み費(春休み、GW、夏休み、冬休み)、お正月費(お年玉、初詣、おせち)、子ども費用(進級費、学期費、施設費など)

脱！お金オンチテク

04

モチベ爆上がり！「35日家計簿」で半期に1度の自分ボーナス

我が家は現在、「35日家計簿」（別名・スライド式家計簿）でやりくりしています。

35日家計簿というのは、7日×5週間＝35日を1クールとして家計をやりくりする方法です。ただし、固定費は毎月決まった日にちに支払いがあるので、**35日でやりくりするのは「やりくり費」のみ。**

この方法のいいところは、「自分ボーナス」を捻出できるところ。35日を1クールにして、通常の30日や31日より少し長い期間でやりくりするので、やりくり期間が少しずつ後ろにスライドされ、半年〜8か月に1回、1クール分のやりくり費がまるまる余る月が出てくるのです。この余った**1クール分のやりくり費が「自分ボーナス」です!**

また、**7日間×5週にすることで、毎週同じ予算配分でやりくりができる**のも大きな魅力。例えば我が家の場合、週に1度、まとめ買いで1週間分の食材を調達・作り置きしていますが、通常の30日や31日のカレンダーに合わせると、最初の週と最後の週が2日や3日だったりで、その週の予算の組み立てが面倒です。

週に1度の買い物で、月をまたぐ週の食費はどちらの月に計上するのかなど、予算の組み立てだけでなく、買い

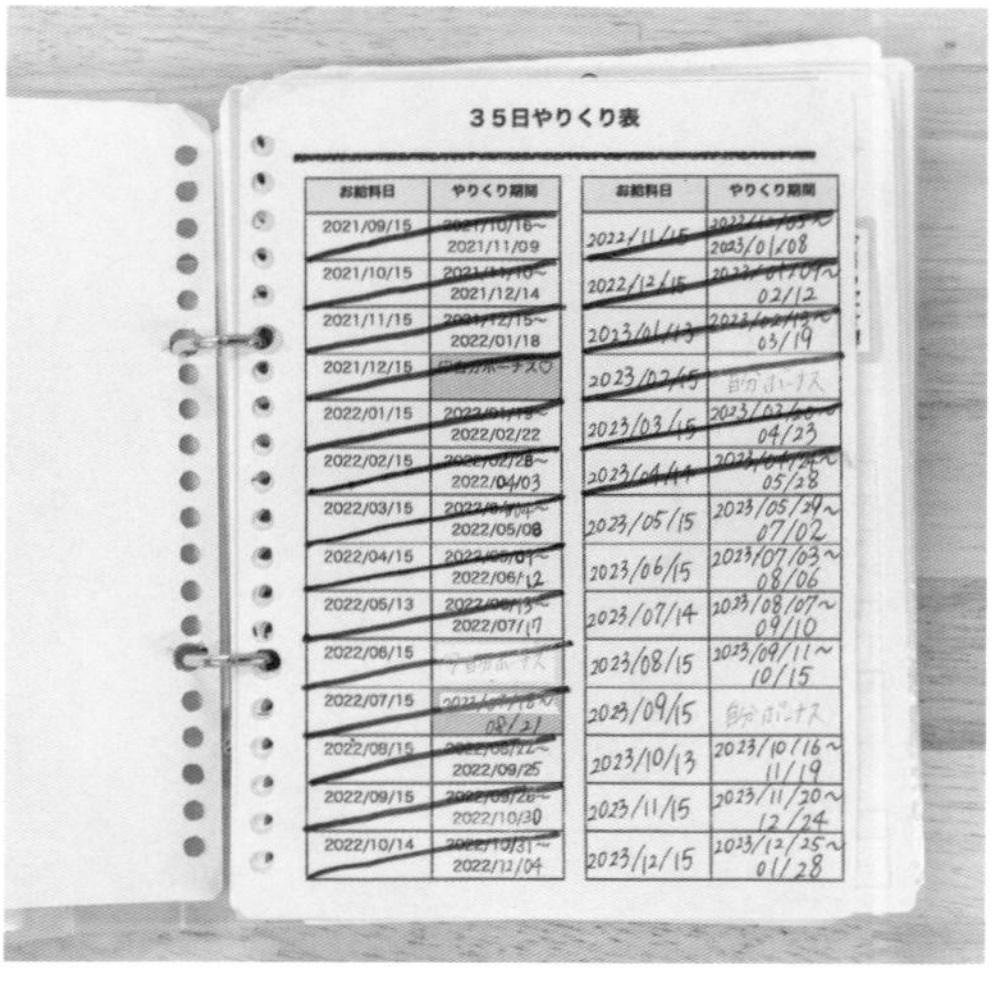

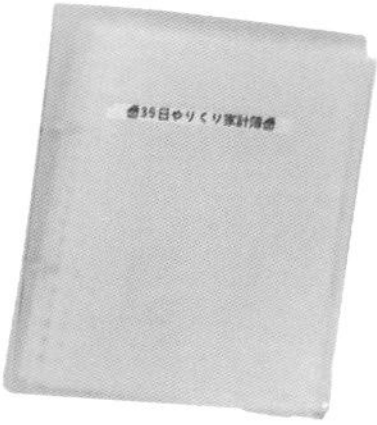

半年〜8か月に1回やってくるボーナス日♡　こうしてまとめておくと次のボーナス時がすぐにわかってテンションも上がります。

物や作り置きのルーティンも乱れがちに。これは我が家の赤字の大きな要因のひとつでもありました。

でも、毎回決まって7日間ならペース配分も安定してくるので、**買い出しや作り置きの無駄もなくなります。**

ただ、初めのうちは1か月締めより日数が長くなるので、ペース配分に苦労するかもしれません。また、固定費とやりくり費を別クールで考えることに慣れるまでは、混乱することもありそうです。次のクールのスタートまで、やりくり費を待機させておく必要もあるので、気が緩むと手を出しそうになる誘惑もあります。

とはいえ、私も3か月程度やってみたら慣れてきたし、そうしたデメリットを差し引いても、「ボーナスが出るから頑張ろう!」とモチベーションも上がります。

ちなみに我が家のやりくり費は、家計を整え始めた頃の月6万円の時期を経て、現在7万5000円。

住んでいる地域の物価や家族構成、ライフスタイル、やりくり費に入れる項目にもよりますが、インスタグラムの家計管理アカウントを参考にすると、だいたい7日間1万円×5週間+予備費1~2万円程度の家庭が多いようです。

前述のとおり、**やりくり費は、項目ごとの予算は設定しているものの、7万5000円以内に収まれば何に使ってもOK、のざっくりルール**。

また、赤字になりそうな時は、後からご紹介するいろいろな節約術を試したり、「ポイ活」してみたり、不用品売却の利益で補てんしたり。最悪、自分のお小遣いから捻出しなければならないので、それだけは絶対死守(笑)!

そんなこともゲーム感覚でできるようになってきたら、家計管理も楽しくなりますよ♪

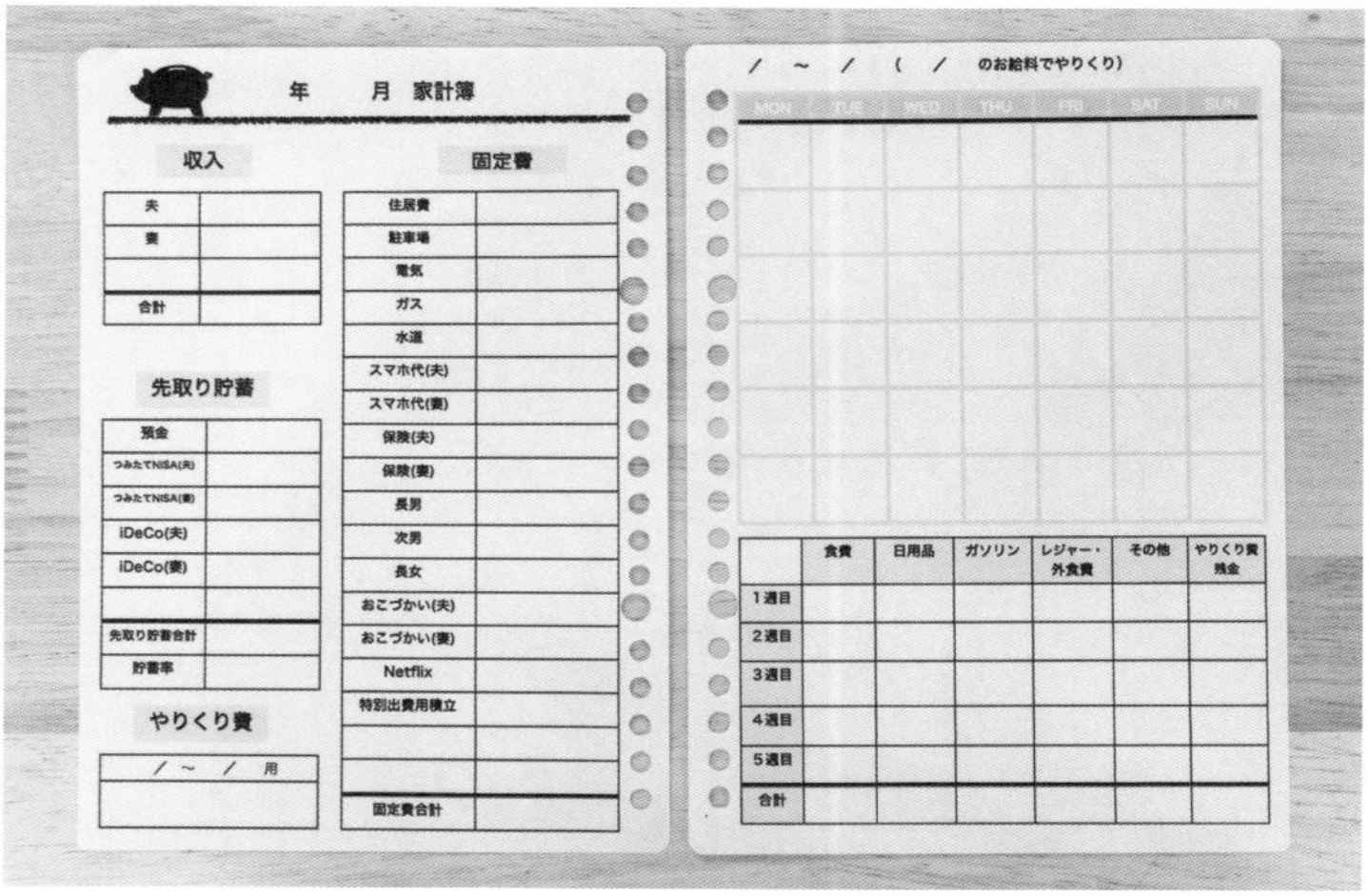

私が使っている35日家計簿。使いやすさを求めていたら自作しちゃいました。こちらからダウンロードできます。https://merihari-kakeibijin.com/nagomy-kakeibo-format/

35日間やりくり費の内訳例
(予算6万円時代)

やりくり費60,000円の場合	項目	支出額
	食費	41,198円(30日換算 35,310円)
	日用品費	3,476円
	ガソリン代	5,145円
	レジャー・外食費	9,804円
	その他	1,890円
	合計	61,513円

1,513円の赤字ですが……

- 食費**41,198円**のうち、**14,608円**はポイント支払いし、その分は現金残し。
- 赤字の**1,513円**はそこから補てん。

結果的に13,095円の黒字に。

35日家計簿 4つのメリット

❶ 自分ボーナスが出る

支給されるかどうかわからない会社のボーナスと違って、自分が頑張れば必ず出ます！

❷ モチベーションを保ちやすい

何か月後にボーナスが出るのかが一目瞭然。自分が頑張れば必ず出るので、家計管理のモチベーションをキープできます。

❸ やりくりのペースが安定する

毎週7日間でやりくりするので、同じ配分で買い物ができます。自然とペース配分も安定してくるので、無駄がなくなります。

❹ 時々、お小遣いも余る

35日で回すのはやりくり費のみ。お小遣いは固定費と同様、お給料日支給なので、やりくり費と同じ期間の感覚で使っていると、お小遣いが余る嬉しい誤算があることも。

脱！お金オンチテク

05

給料日には1000円札で袋分け。現金の見える化と、面倒くささを逆手に〝楽して貯める〟「袋分け家計管理」

私の家計管理の基本は、「袋分け家計管理」です。

我が家ではお給料が入ったらまず、固定費支払い用口座と貯蓄用口座へネットで振り込み（P114の図参照）、現金管理分はすべて1000円札でおろします。現金管理分は、子ども費（園や学校などから現金で徴収される費用）、夫婦のお小遣い、特別費、そして35日分のやりくり費。それぞれ予算として計上した金額分を袋に入れ、使う場合はこの袋から出して支払います。

前述の通り現在、我が家のやりくり費は7万5000円。この中で5週分の食費、日用品費、ガソリン代、レジャー・外食代、その他雑費をやりくりしています。
またクレジットカードの支払いは、引き落としの日ではなく、購入した日の支出に計上します。やりくり費から現金をカード支払い用の袋に移しておけば、うっかり使ってしまうことも防げます。カード支払い用の袋に入れた現金は、翌月に引き落とされる口座に入れておきます。

やりくり費だけは35日間単位なので(1か月単位のその他の費用とは「使う期間」がズレているので)、やりくり費の袋には使う期間(○月○日~○月○日)をメモしておき、使う期間が来る前に間違って使わないように注意します。

1000円札でおろしたり、袋分けしたりするのは面倒では?と思われるかもしれませんが、この面倒くささが私には必要なんです。借金こさえたほどの浪費家だった自分の金銭感覚を信じちゃいけないと思っているから。それに、**1週間に1回だけのまとめ買いなら現金でもいいし、むしろいちいち現金を出し入れするのは面倒だから、あまり使わないようにしよう、という意識も働きます。**

もちろん、それまではトライ&エラーでいろいろ失敗もありましたが、それがあったからこそ、今ちゃんと自分の傾向も知ることができ、それに合わせたシステムを作ることもできたのだと思います。

家計管理も片付けも、子どもの自転車と一緒で練習あるのみ。誰でも急に乗れるようになるわけではありません。ちゃんと練習して、転んだ経験があって、感覚を掴んでようやく乗れるようになるのです。初めは失敗して当然、うまくいかなくて当然、と思って始めれば、どうして失敗したのかも冷静に分析できるようになってきます。

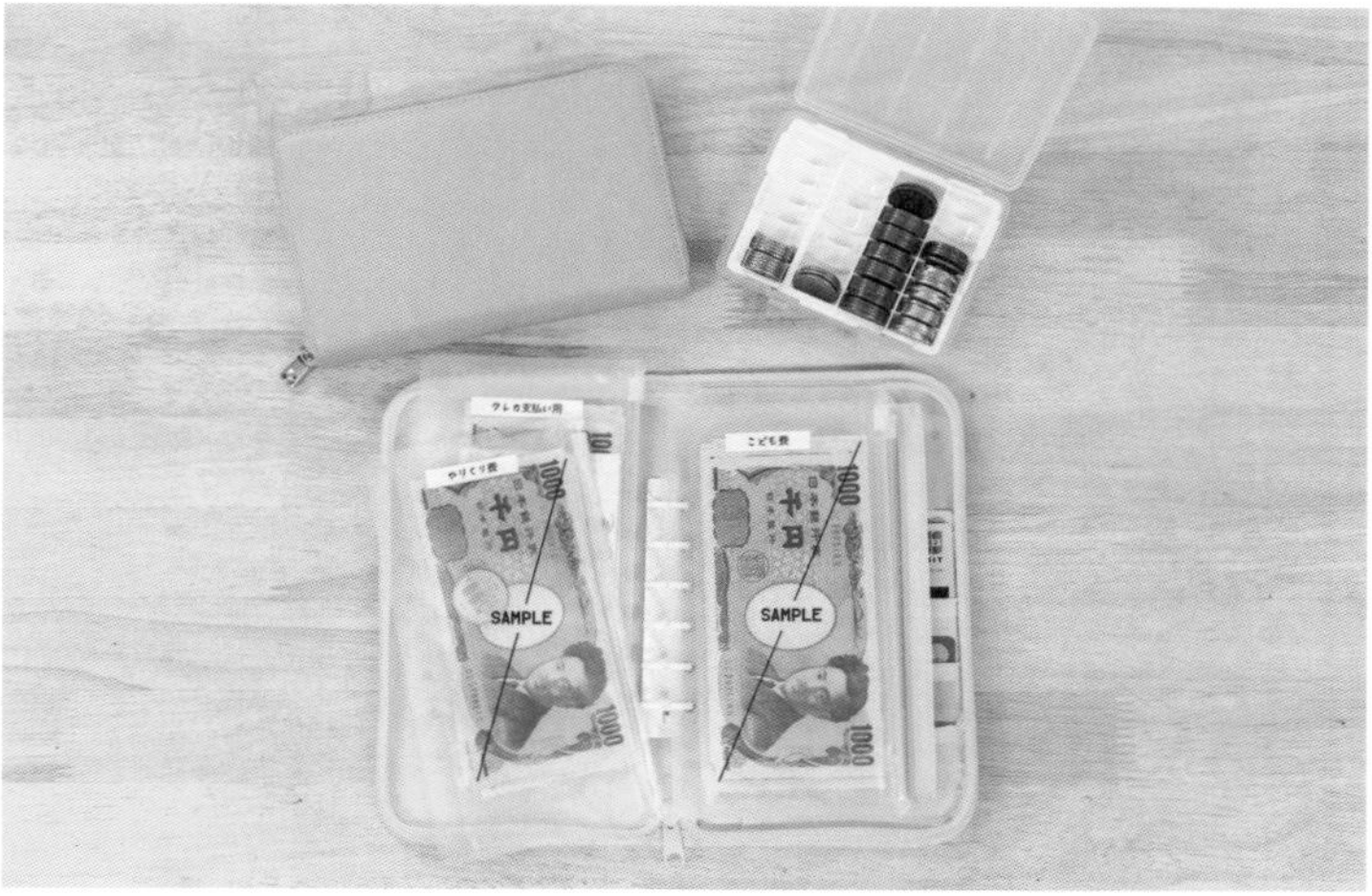

お給料が入ったら現金支払い分をすべて1000円札でおろして、用途別に振り分けます。袋分けに使っているポーチは、サンキュ！のムック本『金運アップポーチつき 1000万円貯まるやりくり上達BOOK』（ベネッセコーポレーション）の付録です。

なごみ一家お給料日の仕分け

夫お給料振り込み口座（楽天）

- 家賃
- 夫名義のつみたてNISA
- 夫名義のiDeCo

↓

私のメイン口座（楽天）

- 水道光熱費
- スマホ代（2人分）
- 夫の保険料
- 長男の公文代
- Amazonプライム

私のサブ口座（楽天口座から引き落としできないもの）

- 駐車場代
- 私の共済
- 息子たちのスイミング代
- 小学校の給食費
- 幼稚園保育料

現金

- 現金払いの子ども費
- お小遣い
- 特別費
- やりくり費

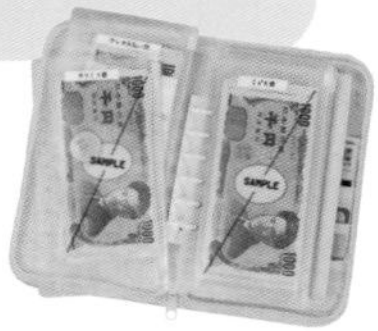

脱！お金オンチテク

06

子どもたちは18歳で家を出す。独立資金1人1000万円目指し長期投資でお金にも働いてもらう

長男が生まれたばかりの時は、お祝い金に手をつけないと年金や税金が払えないいくらいの貯蓄ゼロ状態。しばらくは貯蓄などできるはずもありませんでした。それでも、児童手当など月収に関係なくもらえるお金だけは死守し、月収で賄える状態に整えてからは、5000円の先取り貯蓄を始めました。

「先取り貯蓄」とは、月収から貯めたい額を先に取り、残った金額で生活するというもの。「先に生活費を賄って→余った分を貯蓄」するのでは、つい使い込んでしまって結局1円も貯蓄できなかった、なんてことにもなりかねません。また、預貯金などすぐに引

き出せるところにお金があるとつい使ってしまう私と同じようなタイプの人は、つみたてNISAやiDeCo（個人型確定拠出年金）、財形貯蓄制度などの方法で、毎月一定額が強制的に引き落とされる方法を活用するのもひとつの手です。

我が家の目下の貯蓄目標額は、子ども4人分の教育資金4000万円（学費500万円＋仕送り500万円＝1人あたり1000万円）。というのも、子どもたちは高校卒業後、18歳になったら家を出す、と決めているから。ですが、これを預貯金だけで積み立てていくのはさすがに無理があります。なので、今は**生活防衛資金以外のお金はつみたてNISA（成人向け）やジュニアNISA（子ども向け）を活用して、お金自体にも働いてもらっています。**

投資の基本は「長期・積立・分散」だと言われ、中でもつみたてNISAはそれに適した投資信託のみに限定されている上、一定金額・期間の範囲内なら利益に税金がかかりません。投資ビギナーの初めの一歩にぴったり。

子どもたち一人ひとりに積み立てている楽天銀行のカード。

投資と聞くと「自分には無理」だと思っている人も少なくないようですが、実は毎月支払っている年金も投資で運用されているし、銀行の預金・定期預金も立派な投資です。ですが、今や普通預金に100万円を1年預けても利息は10円ほどしかありません。それなら、より運用益の高い投資対象を選ぶ方がお金を増やせます。もちろん、投資に絶対はないので増えるリスクもあれば、減るリスクもあります。それでも、投資期間が最低10年、できれば15年以上あれば、負けるリスクは低いと言われています。一時的にマイナスになったとしても、長期保有していれば価格が戻る可能性も非常に高いのです。

今のお金の本には必ずつみたてNISAのような投資の話が出てきます。家計管理の勉強をしながら、正しい投資についても一緒に学んでいきましょう!

投資を始めるには

① 投資の基本を学ぶ

投資と投機の違いといった正しい投資の基本を学んで、メリット・デメリットを知る。

② 証券口座を作る

我が家は全員、楽天証券に口座を持っていて、私だけSBI証券、PayPay証券にも口座を開設しています。

③ 銘柄を選ぶ

私の商品選びの基準は、①信託報酬0.1%以下、②リーマンショックを乗り越えてきたファンドかどうか、③つみたてNISAの対象銘柄に入っているかどうかです。

脱！お金オンチテク

07

わかっちゃいるけどやめられない。甘い誘惑を断ち切るための浪費が激減した6つの習慣

家計を整え始めたものの、人間はそうそう簡単には変われません。とりわけ問題だったのが私の浪費癖。かわいい雑貨を見つけたら、つい足を止めて見てしまう……。そんな甘い誘惑を断ち切るために、私が意識した行動がこちらです。

①あえて財布は持ち歩かない

子どもの送迎や公園に遊びに行く時、お金を持っているとつい、子どもたちのおねだりに応えてしまうし、一回一回は大した額ではないにせよ、**積もり積もれば結構な金額になるものです。**

財布を持っていなければ子どもたちも納得するし、買えなければ浪費もしません。単純なことですが、これが一番効果がありました。

②「それ、本当にいる？」と自問自答

「これ欲しい」と思ったら、**「それ、本当にいるの？」**と自問自答する習慣をつけました。一旦立ち止まって冷静に考えることで、衝動買いはほぼゼロに。すでに持っているもので代用できないかも考えるようになり、無駄遣いも激減しました。

③それを買って得られるメリットを考える

欲しいものが出てきたら、「それを買うことで得られる効果は何か」をまずは考えます。時間的な余裕が生まれるのか？　健康的価値が上がるのか？　将来的に自分の収入アップにつながるのか？　**「自分の暮らしをより良くしてくれるものかどうか」を考えて、**効果がなければ即却下、という思考を身につけていきました。

④時給換算癖をつける

例えば時給1000円で働いているとします。ある時、コンビニで何となく500円を使ったら、それだけで自分の労働時間を30分消費したことになりますよね。買う前にそれが30分の労働に見合うものかどうかを考えます。数千円のものなら、**「これを買った**

ら、何日働かなきゃいけないのか？」「無駄なものを買うのはやめよう」と思えるようになりますよ。

⑤ラテマネーを侮るなかれ

「ラテマネー」とは、普段何気なく支払っているコーヒー代などの小さな支出のこと。**お金が貯められない人ほど、このラテマネーが多いと言われています。**私もそうだった！

代表的なラテマネーがＡＴＭの手数料。１００円程度でも、塵も積もればン千円。スマホの「端末保証」も月に５００～１０００円と、地味に痛い出費です。よっぽど雑に扱わなければそうそう壊れるものではないし、保証に入っていても交換時に何千円もかかったり、交換できるのは中古品だったりで割に合わないことも。どうせ2、3年で寿命を迎えるのなら、その間にしっかり積み立てておいた方が得策です。

そして、ラテマネーのラスボスは百均。クオリティの高さについ手が出そうになります。行く時には「買い物メモにあるもの以外は買わない！」という鋼の意志で向かうべし。

⑥理想の暮らしを明確にする

私が理想としているのは、前述の通り、ミニマリストのやまぐちせいこさん。「彼女のように、少ないものですっきり暮らしたい」という**理想が明確になってからは、家に入れるものを吟味するようになりました。**吟味したものだけに囲まれた暮らしだからこそ、満足感もひとしおです。

すべては理想の暮らしをするためにインプットした本の数々。

脱！お金オンチテク

08

最後の砦、食費節約は「冷蔵庫空っぽデー」で！食材購入も目安があれば予算オーバーなし

我が家は**週に1度まとめ買いをして、その時に1週間分の作り置き（P156）も済ませます。**「ルーティン献立」（P147）で1週間分のメニューを決めてから買い物に行くので、必要なもの以外は買わずに済むし、作り置きがあれば予定外のお惣菜や外食による予算オーバーの防止にもなります。

1週間の最終日は「冷蔵庫空っぽデー」と決め、家にあるものだけで献立を作る日に。「食べ切る癖」をつけるのも食費節約術のひとつです。

食材を捨てるのは、お金を捨てるのと同じこと。冷蔵庫空っぽデーのおかげで、食材の無駄は激減したし、もし、最終日に食べ切れなかった食材があれば、それは家族の好

みではなかったから。そういうものは今後買わない、という目安にもなります。

1週間に1度、冷蔵庫が空っぽになれば、奥の方にカピカピになった食材を見つけることもないし、簡単な拭き掃除だってできちゃいます。

食材購入は、魚や肉なら少し前まで100グラム100円を目安にしていましたが、物価の高騰で100円ルールは正直、かなり厳しい。そこで今は、**100グラムで150円くらいをボーダーラインに**食材を選んでいます。

一番良くないのは、基準なく適当に食材を手にしてしまうこと。物価によって単価の基準が変わってくるのは仕方がありません。それな

食材は100グラム150円以内を目安に購入。

ら、例えば目当ての食材が100グラム200円だったら、別のグラム80円の食材と組み合わせて値段を相殺するとか、他の安い食材を代わりに使うとか、トータルで予算内に収まるように工夫すればいいのです。

少し前、キャベツが1玉250円の時があって衝撃だったのですが、さすがに「君に250円は出せない……」と思い、代用できそうな白菜に変更。

鮭が1切れ200円以上だったら、「ブリを買ってブリ大根に変えよう」とメニューを変更する場合もあります。納豆や豆腐、厚揚げ、油揚げ、ちくわやはんぺんなどの練り物があれば、お肉やお魚の代わりや、かさ増し食材にも使えて便利。

食材はルーティン献立表を前提に選びますが、代用ができそうなら他のものを買うし、できなそうだったら諦めてメニューを変更。そもそもルーティン献立表は自分がレシピを見ないで作れるメニューしかないので、代替メニューへの切り替えも素早くできます。

この他、食品の購入には2人以上でシェアすると安く買えるアプリ「KAUCHE（カウシェ）」を利用することもあります。通常価格の20～30パーセントオフの商品がたくさんあり、クーポンも豊富なので、うまく使えばかなり食費が抑えられるはず。

好きな自治体に寄付したお礼に、返礼品がもらえるふるさと納税も、食費節約術のテッパンです。**自己負担額2000円を引いた金額分だけ翌年の所得税還付や住民税控除の対象に**なります。

例えば5万円の寄付をした場合、自己負担額を引いた4万8000円分が、翌年の所得税と住民税を前払いしたのと同じような状態になるわけです。

実質2000円で寄付額の3割以上の価値の商品がもらえるし、もらった返礼品は食費や日用品費の節約にも貢献、やらない手はありません。

私は年に4回ある楽天スーパーセールの時に合わせて寄付するので、実質負担額がポイント還元で賄えちゃうことも。セール中のポイント5倍デーを狙うのもGOOD。

ちなみに我が家では、ひとつの自治体につき、1万円前後を目安に寄付。中でも、返礼率の高い大容量のお肉セットを選ぶことが多く、お料理に使いやすいこま切れ肉や切り落とし肉がお気に入りです。

ただし、ふるさと納税は年収に応じて寄付できる金額が決まっているのと、寄付控除の申請手続きが必要なので、それだけは気をつけて。
今年こそ、ふるさと納税にレッツトライ！

おすすめふるさと納税サイト！

- **楽天ふるさと納税**

  最大30パーセントのポイント還元。
  楽天ポイントが貯まるし使えるので、
  楽天ユーザーならここがお得。
  https://event.rakuten.co.jp/furusato/

- **ふるなび**

  最大20パーセントのふるなびコイン還元。
  コインはAmazonギフトカードや楽天ポイント、
  PayPayなどに交換可能。
  https://furunavi.jp/

- **ふるさとチョイス**

  最大の利用者数、掲載自治体数を持つ。
  初めての寄付で最大9パーセントの
  チョイスマイル還元も。
  https://www.furusato-tax.jp/

私が使っているふるさと納税サイトから。次回は何を頼もっかな〜。

脱！お金オンチテク

09

リスト化でダブり買いを防止。ポイントやクーポン利用のポイ活で日用品をお得にゲット

家族みんなで使う日用品は、使う頻度や使う人が多ければ、それなりに家計を圧迫します。そこで、日用品費節約のため、**いつも使うものをまとめてリスト化**。自作の日用品リストの必要なものに✓マークを入れて買い物に行けば、**ダブり買いによる無駄遣いや、うっかり買い忘れも防止できます。**

洗剤や石鹸、シャンプーなどは、だいたい1か月分をストック。大容量タイプや大量のまとめ買いをしたこともありましたが、「たっぷりある」と思うと気が緩んで1プッシュ多く使ってしまう事態も。半年ほどもつ計算だったのに、1か月も早く使い切って

しまい、むしろ割高になったこともありました。**日用品の購入は、もっぱらポイントやクーポンを利用します。**いわゆる「ポイ活」です。インターネット決済の商品やサービスをポイントサイト経由で購入して、貯めたポイントはＴポイントに交換、それを「ウェル活（後述）」に使って日用品を購入しています。ポイントサイトはいろいろありますが、私がよく使っているのが「ｗａｒａｕ（ワラウ）」（https://www.warau.jp/）。また、移動するだけでポイントが貯まる「トリマ」、レシートでポイントが貯まる「ＯＮＥ（ワン）」、「ＣＡＳＨｂ（キャッシュビー）」などのアプリも使っています。

ポイ活を始めた頃は、思ったほどポイントが貯められませんでした。そこで、**「ポイントサイトでポイントを貯める方法」を紹介したブログ記事を詳細に書いたところ、これがバズったんです。**私のブログを経由してポイントサイトに登録することで私にも相手にも３００円分のポイントが付与され、結果的に60万円相当のポイントを付与されたことがありました！　おすすめのポイントサイトを見つけたらぜひ、そこでのポイントの貯め方をＳＮＳなどで解説してみてください。知らないうちに大量のポイントが貯まっているかもしれません。その時はコードを貼るだけではなく、これから始める人の役に

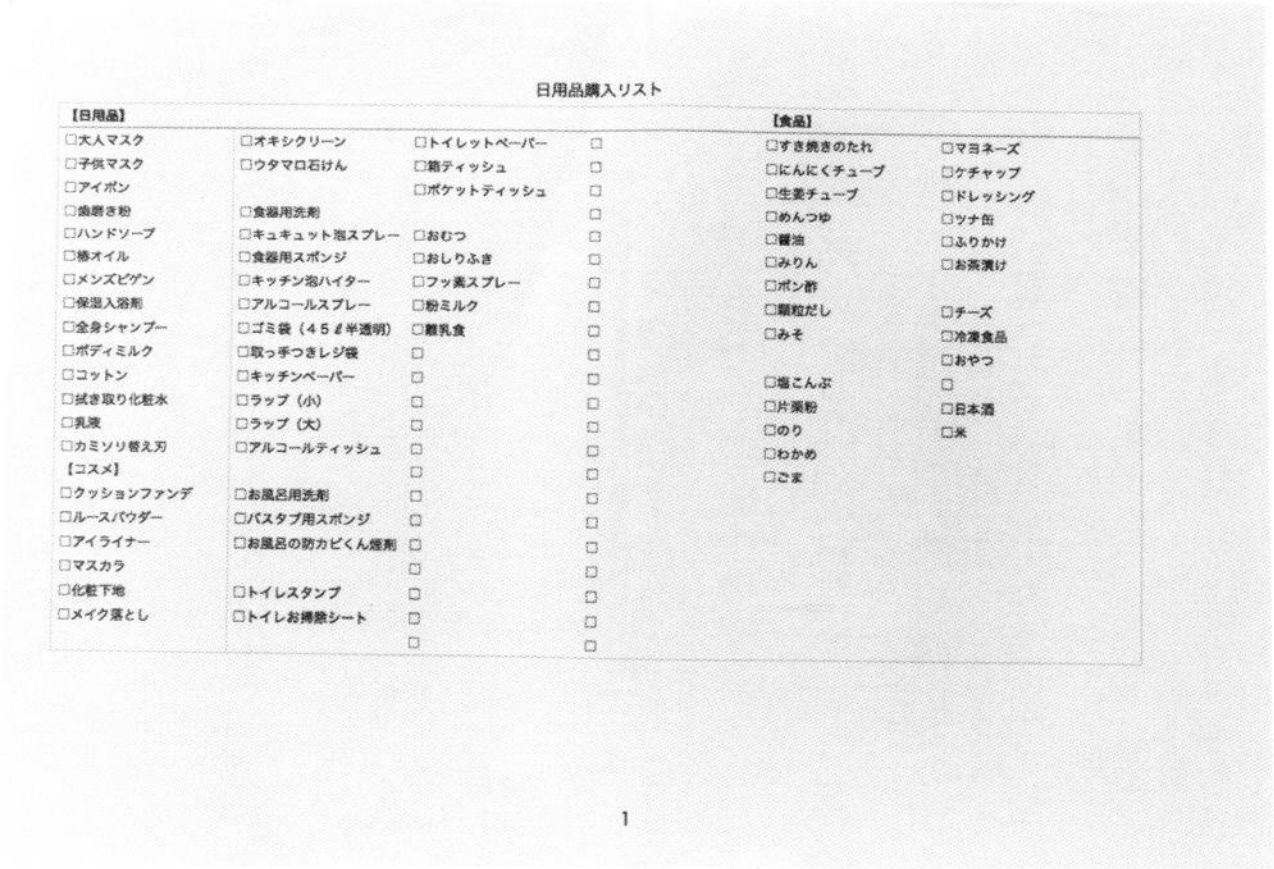

日用品購入リスト

【日用品】				【食品】	
□大人マスク	□オキシクリーン	□トイレットペーパー	□	□すき焼きのたれ	□マヨネーズ
□子供マスク	□ウタマロ石けん	□箱ティッシュ	□	□にんにくチューブ	□ケチャップ
□アイボン		□ポケットティッシュ	□	□生姜チューブ	□ドレッシング
□歯磨き粉	□食器用洗剤		□	□めんつゆ	□ツナ缶
□ハンドソープ	□キュキュット泡スプレー	□おむつ	□	□醤油	□ふりかけ
□椿オイル	□食器用スポンジ	□おしりふき	□	□みりん	□お茶漬け
□メンズビゲン	□キッチン泡ハイター	□フッ素スプレー	□	□ポン酢	
□保湿入浴剤	□アルコールスプレー	□粉ミルク	□	□顆粒だし	□チーズ
□全身シャンプー	□ゴミ袋（45ℓ半透明）	□離乳食	□	□みそ	□冷凍食品
□ボディミルク	□取っ手つきレジ袋	□	□		□おやつ
□コットン	□キッチンペーパー	□	□	□塩こんぶ	□
□拭き取り化粧水	□ラップ（小）	□	□	□片栗粉	□日本酒
□乳液	□ラップ（大）	□	□	□のり	□米
□カミソリ替え刃	□アルコールティッシュ	□	□	□わかめ	
【コスメ】		□	□	□ごま	
□クッションファンデ	□お風呂用洗剤	□	□		
□ルースパウダー	□バスタブ用スポンジ	□	□		
□アイライナー	□お風呂の防カビくん煙剤	□	□		
□マスカラ		□	□		
□化粧下地	□トイレスタンプ	□	□		
□メイク落とし	□トイレお掃除シート	□	□		
		□	□		

1

日用品リスト。買い物にはこれに印をつけて持っていきます。

立つような詳しい解説が不可欠です。

貯めたTポイントは、ドラッグストアの「ウエルシア」や「HACドラッグ」で、価値が1・5倍になる「お客様感謝デー」に使用。その日だったら、例えば5000円分のTポイントを持っていたら、7500円分の買い物ができるのです。そうやってTポイントを貯めて、お客様感謝デーにまとめ買いする節約術、いわゆる「ウェル活」は、対象のドラッグストアが近所にある人なら利用しない手はありません。ただし、使えるのは200ポイント以上からで、手持ちのTポイント以上の買い物は割引対象外。オーバーしないように、電卓で計算しながらお買い物すると良いですよ！

脱！お金オンチテク

10

シールを貼って「無買デー」を増やせ！
不用品売却で、
片付けとお小遣い稼ぎの一石二鳥も

私がやってよかったと思う節約術でもっとも簡単な方法が、「無買デー」です。名前の通り、計画的にお金を使わない日を作って、それをカレンダーに記録するだけ。当たり前ですが、使わない日が多いほど無駄遣いは減ります。

無買デーを達成した日にはお気に入りのシールを貼付。シールの日が多くなるほど、無駄遣いをしていない証です。つい、ちょこちょこと買ってしまう癖がある人は、「お金を使っていない日」を見える化することで頭の整理ができ、「無駄なお金を使うのはもったいない」と意識するきっかけにもなります。

そして、王道ですが、要らないものを売る方法も。私がまだお金に悩んでいた時期、引っ越し前の不用品をメルカリなどのフリマアプリに出品したら、どんどん売れていきました。思えばこれが、「もの＝お金」だと気づいた瞬間。**フリマアプリで不用品を売り、その売却益で必要なものを購入すれば持ち出しはゼロ**です。

他にも、よく使っているのは買い取りアプリの「Pollet（ポレット）」です。フリマアプリよりも買取額は安価ですが、本やゲーム、DVDや書き損じの年賀状まで、まとめて買い取ってくれます。申し込みから集荷まで、すべてこのアプリで完結するので、手間をかけずに現金化したい、という方にはこちらがおすすめ。

不用品を換金する方法は、片付けとお小遣い稼ぎが一緒にできるのが魅力です。

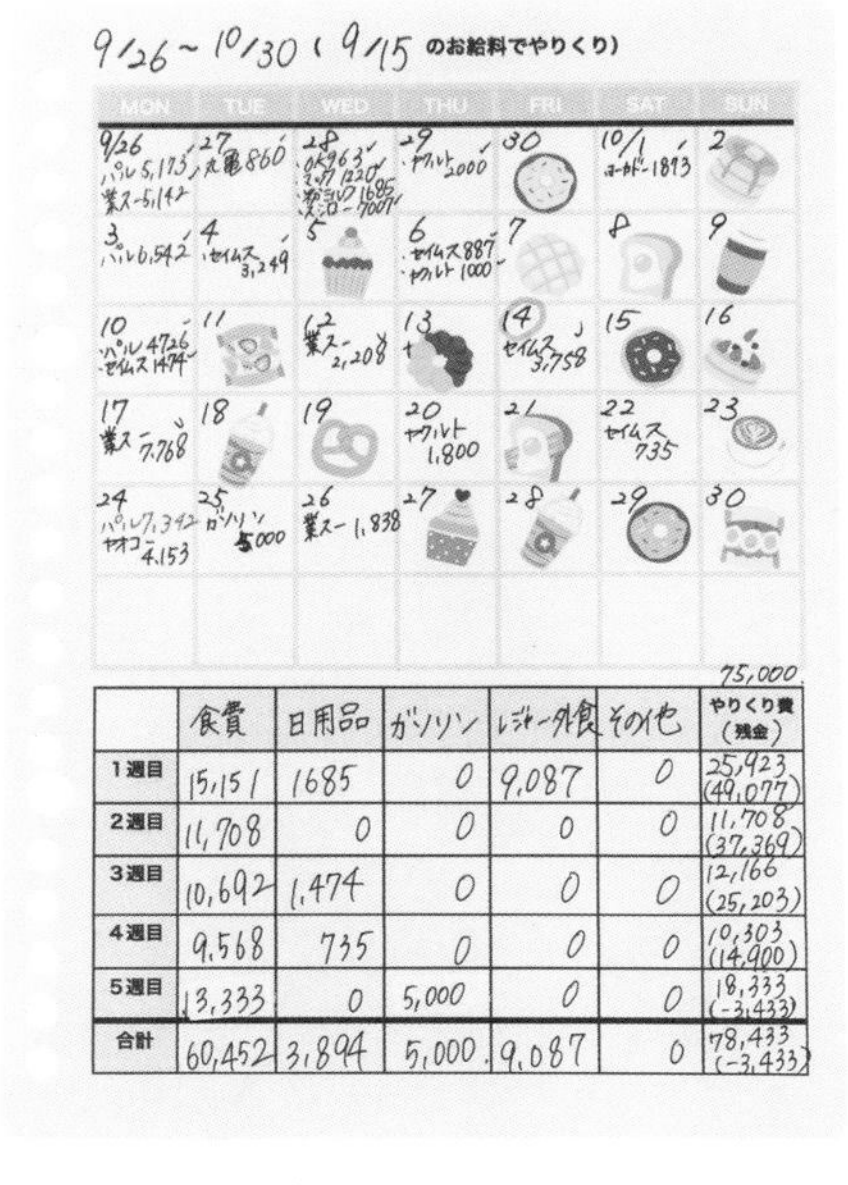
9/26〜10/30（9/15のお給料でやりくり）

MON TUE WED THU FRI SAT SUN

75,000

	食費	日用品	ガソリン	レジャー外食	その他	やりくり費（残金）
1週目	15,151	1685	0	9,087	0	25,923 (49,077)
2週目	11,708	0	0	0	0	11,708 (37,369)
3週目	10,692	1,474	0	0	0	12,166 (25,203)
4週目	9,568	735	0	0	0	10,303 (14,900)
5週目	13,333	0	5,000	0	0	18,333 (-3,433)
合計	60,452	3,894	5,000	9,087	0	78,433 (-3,433)

かわいいシールを貼った無買デーがたくさん並ぶと、来月も頑張ろ〜！と気持ちも弾みます。

脱！お金オンチテク

11

続けられなきゃ意味がない「やめた節約」でパフォーマンスもアップ！

ここまで食費や日用品費の節約術を紹介してきましたが、それとは逆に**「やめた節約」もあります。**

例えば、子どもの自宅へアカット。今では人数が増えて切った後の髪の毛の処理も大変だし、小学生も中学年になるとしゃれっ気も出てくるので、失敗したらかわいそう。

例えば、無洗米の２００円をケチること。時間のない中、逆にそのくらいの額で研ぐ手間を買えると思えば安いもんです。

例えば、エアコンをつけない節約。もちろん、今でも設定温度は夏は高め、冬は低めにしますが、適温じゃないとそもそもベストなパフォーマンスができないという現実。この日本でつけない選択肢はもうない！

例えば、湯たんぽ。寝る前に人数分のお湯を沸かして、毎日用意するのも結構大変な作業。ダニ対策にもなる布団乾燥機にシフトしました。

例えば、裏紙にお絵描き。わざわざスペースを使って裏紙を溜めておくのはやめました。今はA４のコピー用紙を使っていますが、お絵かき帳より断然安上がりです。

例えば、お風呂の残り湯での洗濯。ポンプを買ったりもしたんですが、その掃除がまた面倒くさかったり、カビたりしますよね。そもそもドラム式に買い替えただけで縦型よりもずっと節水もされているので、もういいか、と。

やりくり費（変動費）は、「続けられる節約」というのが大前提で、「無理をしない」がモットー。固定費を見直している時点でかなりの節約になっているので、タイパやコスパ、自己満足ではなく本当にやって意味があるかを考えて、**子どもの成長や家族構成の変化、ライフスタイルの変化に合わせて、柔軟に変えていきたいと思っています。**

脱！お金オンチテク

12

お金教育の一環、年始の「マネー会議」！総資産額を家族に全面公開

我が家で恒例行事になっているのが、年始の家族マネー会議です。

初めに、**子どもたちのお小遣い残高に応じて10パーセントの利子を渡します。**もちろん、手元のお金が多いほど利子も増えます。これは、子どもたちにも少しずつでも投資の感覚を体験して欲しくて、２０２２年から始めました。

次に、お年玉授与。いくら使っていくら銀行に預けるのか、自分たちで考えて判断させます。

その後は我が家の前年度結果と総資産報告。「我が家の総資産は１０００万円を超えました！」パチパチパチパチ……。子どもたちも「すごくなーい？」とみんなで称え合います。

最後に、本年度の目標額の確認をします。何のために、いくら、いつまでに貯めようとしているのかを今一度、家族全員で再確認。その後、年に1度の家族旅行の希望と予算を照らし合わせて行き先を決定します。

総資産について子どもたちの前で宣言することに「外でお友達にポロッと話されそう」と言われることもありますが、子どもたちには「お友達に言う話題ではないからね」と伝えています。それに、隠すから余計にお金オンチになっていくと思うし、やましい話ではないので堂々と話しちゃいます。**いずれは知っていかなきゃいけないことなら、初めから知っておいた方が絶対後で楽**なはず。

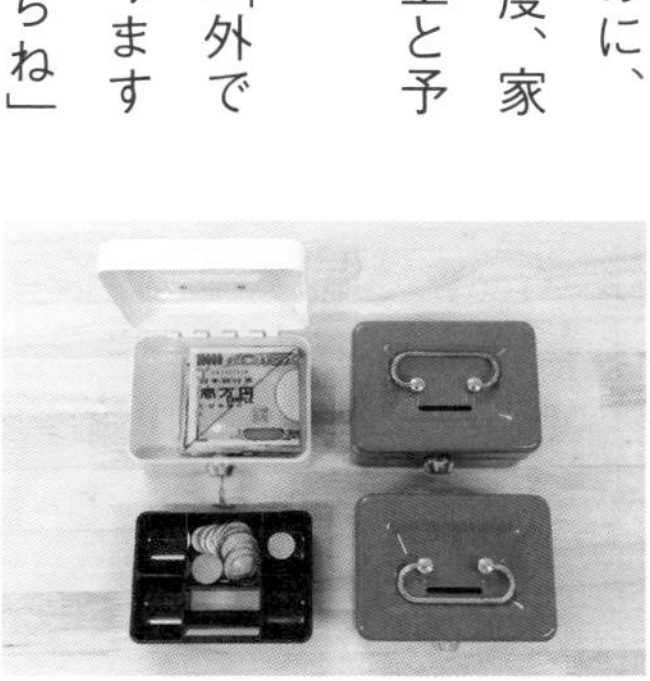

子どもたちの貯金箱。左が一番貯め込んでいる長男のもの。右は次男（上）と長女用。

これからは子どもと一緒に家計簿もつけようと思っています。実収入がどのくらいで、どの程度の支出があって、使えるお金がどのくらいなら許容範囲内なのか等々。学校で教えてもらえないなら、家庭でやるしかない。

最初に実例を見せればひとつの目安になるし、自分のためにいくらかかっているのかは、絶対に知っておいたほうがいいと思うのです。

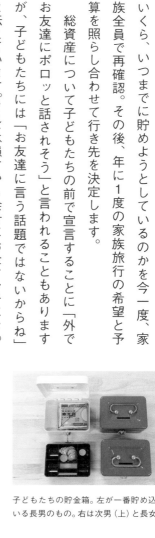

脱！お金オンチテク

13

働かざるもの、食うべからず　お小遣いはお手伝いの報酬制、欲しいものは「プレゼン」で勝ち取れ！

子どもたちのお小遣いはお手伝いの報酬制で、お風呂洗いや、洗濯物畳みは1作業20円也。やりたい仕事がある時は立候補制で、まれに、長男と次男の２人ともやりたいと言った時は一緒にやらせて、報酬も仲良く半分こです。

また、**気分次第でたまにボーナスを出すことも**あります。私がバッタバタで指示も出せないような状態の時、次男が三男のお世話をしてくれたことがありました。率先して手伝ってくれて本当に助かったので、「ママすごく助かったから、ボーナスね」と、その時には50円を渡しました。

欲しいものができた時には、どうして欲しいのかを私に「プレゼン」してもらいます。「何々が欲しいんだけど」「誕生日かクリスマスで頼めば？」「どうしても今欲しい」「何で？」と、いろいろ考えてもらうのが狙いです。

それで私が納得することもあるし、私を納得させられない場合も。その時は子どもが諦めることもあれば、再びプレゼンに来ることもあるし、自分でお金を貯めて買おうと路線変更する場合もあります。

でも、貯めている間に「思ったほど欲しくなかったかも」と気がついて、結局お金はそのまま貯める、というパ

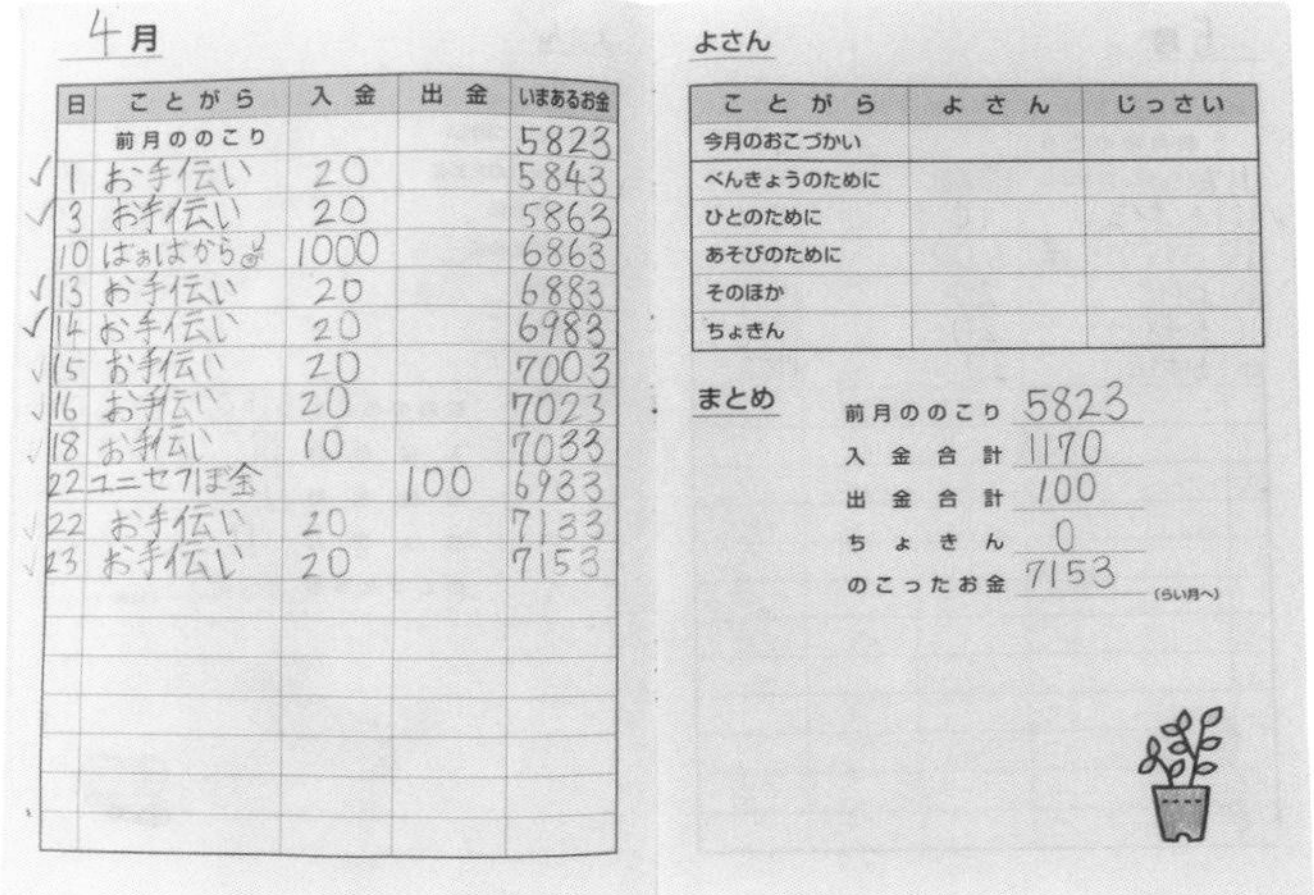

4月

日	ことがら	入金	出金	いまあるお金
	前月ののこり			5823
1	お手伝い	20		5843
3	お手伝い	20		5863
10	はゝはから	1000		6863
13	お手伝い	20		6883
14	お手伝い	20		6983
15	お手伝い	20		7003
16	お手伝い	20		7023
18	お手伝い	10		7033
22	ユニセフぼ金		100	6933
22	お手伝い	20		7133
23	お手伝い	20		7153

よさん

ことがら	よさん	じっさい
今月のおこづかい		
べんきょうのために		
ひとのために		
あそびのために		
そのほか		
ちょきん		

まとめ

前月ののこり 5823
入金合計 1170
出金合計 100
ちょきん 0
のこったお金 7153 (らい月へ)

長男のお小遣い帳。そろそろ我が家の家計簿を一緒にやり始めようと思案中です。

ターンもあったり。

ある時、次男がプレゼンに敗れた挙句「じぃじに頼む」と奥の手を出したこともありました。確かにそれもひとつの手だけど……ちょっとずるい（笑）。

欲しいものではなく、ノートなどの必要なものはだいたいストックしていますが、いつも「在庫が１個になったら教えて」と伝えています。

「ママは楽天の安い時の、しかも０か５のつく日に買いたいから、それを見計らって教えてね」と。

そうすると徐々に、「なるほど、前もって準備しておけばネットで安い時にお得に買えるんだ」と子どもたちも事情をわかってくれるようになるので、ストックがなくなって慌てることもありません。

脱！お金オンチテク

14

「家族はチーム！」協力は不可欠。家計を万全に整えて臨んだ値引き交渉でやらかし夫、週3000円時代へ突入

夫にはある時期1年ほど、週3000円でやりくりしてもらっていた時期がありました。

その頃、銀行口座にプールしていたお金を夫に勝手に引き出され、家賃滞納を2度やらかしました。苦労して貯めたお金をまた崩して家賃を支払ったあの時は、本当に涙が止まらなかったです。それまでは、お給料日に夫のキャッシュカードを借りるシステムでしたが、「2度あることは3度ある」と、2度目を機にキャッシュカードを没収。

さらに、当時ボーナスの代わりに、時々現金支給されていた寸志5～10万円を、1人

で使い込んでいたことも発覚。その当時のお小遣いは月３万円もあったのに。結局、家賃滞納分も寸志も、すべて飲み代に消えていました。

「仕事の話もしているんだよ」と言う夫に

「大事な仕事の話を飲みながらするって感覚を改めた方がいい。お酒飲んでまともな会話ができるとは思えないし、その時間とお金の半分でも使って、子どもたちと過ごそうとはなぜ思わんのか謎です」と言ってやりました。

今思えば、そんな夫ときちんと話し合わずに猛烈にイライラしていた当時の私。意を決した話し合いには、夫のお小遣いに関する項目以外、すべて削り倒した家計簿を突きつけて減額交渉しました。当然、夫はぐうの音も出ません。そんな経緯で１年ほどは週３０００円でやりくりしてもらっていましたが、今はとても協力的。良き夫で、良きパパですし、私からの信頼も取り戻してお小遣いも月２万円に戻っています。

節約や貯蓄には、家族の理解や協力が不可欠、「家族はチーム」なんです。そのためには話し合いって何よりも大事だな、と実感しました。みなさんの家庭はどうですか？

パパのお小遣いも現金支給。１週間3000円から１か月２万円に昇格しました。

CHAPTER 3

ずっとダラダラしてたい！家事マジやりたくないっす！

A SLOPPY MOTHER OF FOUR
CLEANED UP HER HOUSE,
THEN SAVED 10 MILLION YEN

BEFORE

節約レシピに玉砕、気まぐれに揃えた調味料は廃棄の憂き目。苦手な家事に正面からぶつかっては、痛い目に……。

結婚して長男誕生、年子で次男が生まれてから2年間くらいは本当に余裕がなく、貯めては崩すの繰り返し。料理が苦手なのに、少しでも食費を抑えるためにと、節約レシピを探しては作っていた時期がありました。

ある時、大根を使った春巻きレシピにチャレンジ。それなりに美味しくできたと思っていましたが、夫が帰宅して食べる頃には冷めて水分も出てビチャビチャの激マズ。しかもそれをあろうことか、料理上手な義母に報告されるという事件が勃発しました。一生懸命作ったのに、ひどーい！（泣）！

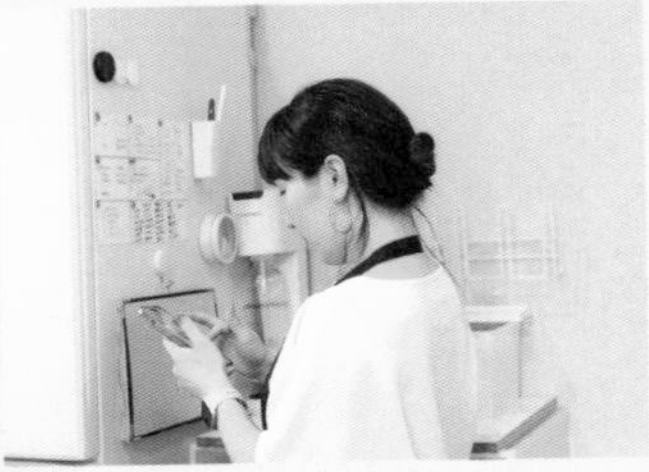

スマホでレシピ検索するのも地味に時間を取られるし、見ながら作るのも面倒すぎてやめました。

またある時は、市販の合わせ調味料より、豆板醤やコチュジャンらを揃えて作った方が本格的だし、後々使えて経済的、と買ったこともありました。が、そもそも料理が嫌いなのに、手間をかけた料理なんて続けられるわけもなく。結果、使わなくなった調味料はカビが生えて廃棄処分。節約のつもりがむしろ無駄遣い……。

そんな失敗を挙げれば数知れず、蛇行、迷走、紆余曲折を経て、**料理を「頑張る」のはやめました。**さらに、他の家事も**嫌いなことはできればやらずに済ませたい。どうしてもやらなければいけないことなら、なるべく楽に済ませたい。**

あぁ、どうする、私？

AFTER

面倒くさい家事はすべて廃止！
自分にできるズボラ家事を仕組み化

正直なところ、「毎日料理するなんて面倒くさくて無理。何なら毎日デリバリーしたい」と本気で思っている私。でも、さすがにそれは無理なので、「だったら自分の作れるものだけで回していけばいい！」と開き直って誕生したのが「ルーティン献立」です。

ルーティン献立とは、自分がレシピを見ないで、ちゃちゃっと作れる料理だけを厳選して、その中から1週間の献立を組み立てていく方法です。レパートリーはそれほどありませんが、だいたい先週作った料理さえ、家族はほとんど覚えていません。その証拠に、このシステムを取り入れてから、文句が出たこともありません。

それに大根の春巻きのように、一生懸命作った慣れない料理をまずいと言われたらそれはそれはショックだし、ド定番の「小松菜のおひたしが美味しい」と言われるくらいなら、みんながよく食べるものだけ作ればいい！

他の家事にしてもそう。**面倒くさい、やりたくないを叶えるにはどうしたらいいのか考えた末にできたのが、この本に詰まっているズボラ家事の数々です。**

そうやって**自分が楽にできる仕組みを整えていったことで、無駄なものや動きがなくなり、好きなアニメを観る時間が増え、お金も貯まっていった**のです。

合う、合わないはあるかもしれませんが、だまされたと思って何かひとつでも試してみませんか？

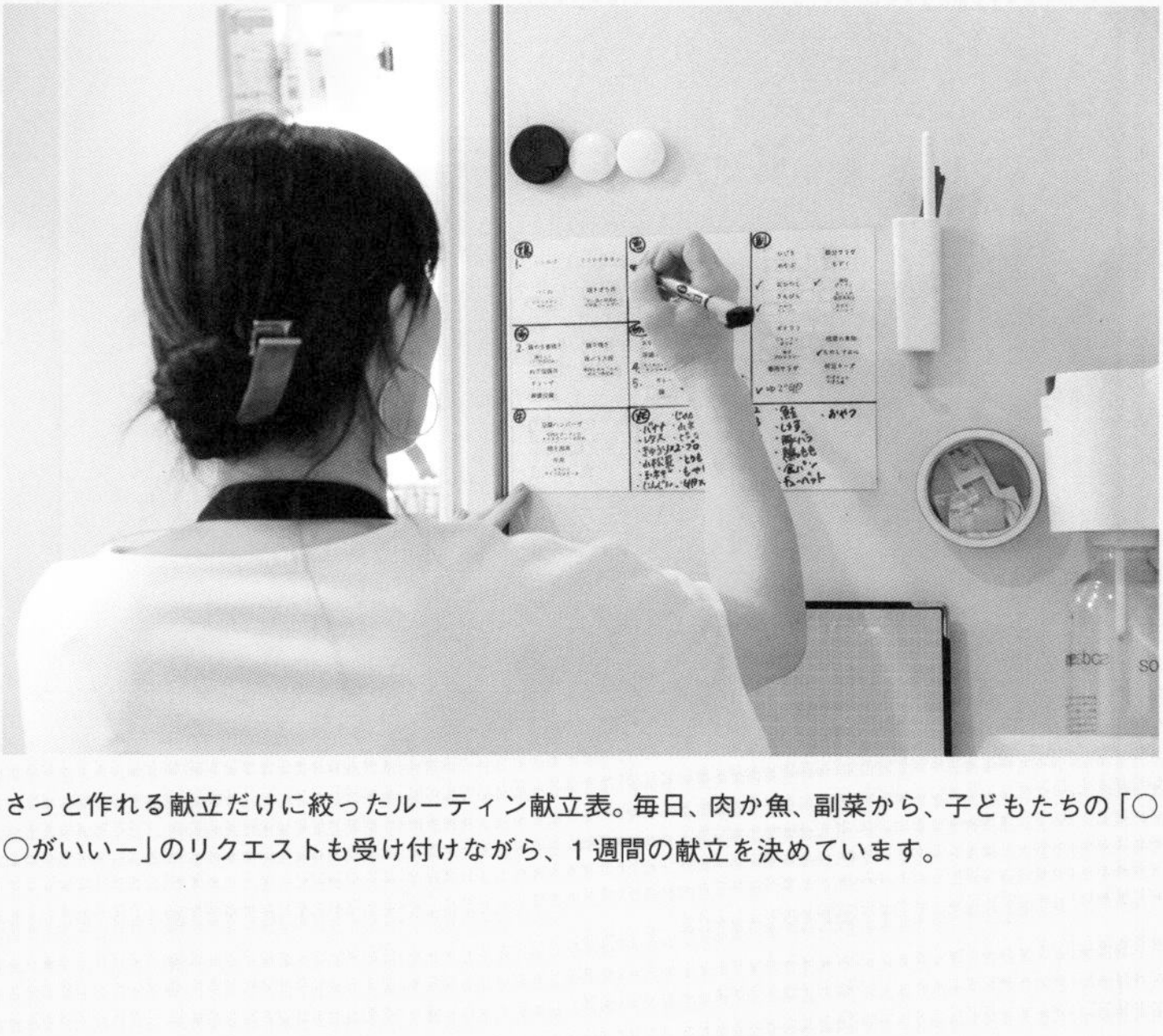

さっと作れる献立だけに絞ったルーティン献立表。毎日、肉か魚、副菜から、子どもたちの「○○がいいー」のリクエストも受け付けながら、１週間の献立を決めています。

毎日のことだから
徹底的に楽して
暮らしを回す！

なごみ一流

面倒くさい〜、家事やりたくない〜 をぶった切る考え方

1
献立考えるの
面倒
くさいな〜

＝

自分が作れるもの
だけなら考えずにすむ！

2
洗濯物畳むの
面倒
くさいな〜

＝

畳まなくていい
収納方法にすればいい！

3
衣替えするの
面倒
くさいな〜

＝

やらなきゃいい
仕組みを作ればいい！

脱！家事嫌いテク

01

タイパ、コスパどんとこい！レシピを見ないで作れるメニューをリスト化、「ルーティン献立」で時間もお金も節約

嫌いだけど、苦手だけど、毎日ごはんを作っている、それだけでよくやった！と思いませんか？

毎日献立を考えるのは大変だし、時間が取られ、レシピを考えてぼーっとしていたら、出来上がるまでにさらに時間が経ってしまい、ますます苦痛になる始末。

面倒だからと惣菜や外食に頼っても家計を圧迫、家族の健康も気になって自己嫌悪……。

よく雑誌で「帰宅後10分で夕ごはん」というレシピがあるじゃないですか。でも、こっちはレシピを探して、材料や調理法を確認するだけですでに10分はかかっているんです。「10分じゃ作れないじゃん」と思ったその時に、「あ、作れる人たちはレシピを見ていないんだ」と気づいたんです。

だったら、**「私がレシピを見ないで作れるものだけにすればいい」「レシピを見ないで作れる献立をリスト化して、毎日その中から選べばいい」というスタイルに。それがルーティン献立表**です。

現在、メインの献立レパートリーは、鶏肉料理が6種類、豚肉料理が8種類、牛肉料理が5種類、魚料理が8種類、その他（缶詰や練り物など）の料理が6種類の計33品。

基本的には、週のうち3日はお肉、2日は魚、1日はその他の献立から選び、副菜は5～7品ランダムに選んで、週に1度のまとめ買いと作り置きをします。

最後の7日目は冷蔵庫空っぽデー（Ｐ１２２）なので、残った食材で作れるものを食卓に出しています。

「ルーティン献立が、給食のメニューとかぶったら？」

そう聞かれることがありますが、うちは今、小学校と幼稚園と保育園と給食が全部違うので、そんなことまで気にしちゃいられません。

「昼間もカレーだったんだけど」と言われたら、「今日カレー2回目？　スーパーラッキーデーじゃん！」と。そう言うだけで、子どもたちも**「あ、そうか、カレー続きでラッキーなんだ」と思ってくれるんです（笑）**。

栄養バランスが気になる？　大丈夫。子どもたちは平日のお昼、管理栄養士さん監修の栄養ばっちりの美味しい給食を食べているんです。

私は考えすぎずに、そのくらいの軽い気持ちでごはん作りに臨んでいます。

「ルーティンの献立で飽きない？」「家族から〝またこれ？〟って言われない？」

そういう心配もありました。でも、「今日何食べたい？」って家族に聞いても、結局、大抵同じメニューしか言わないし、飽きる頃には月に1回の外食デーを設けてリセットしているから、外食がより楽しくなるしで何の問題もなし。

ルーティンにしないまでも、**自分が作れる料理を一覧に書き出してみるだけで、だいぶ料理のハードルが下がる**と思いますよ。

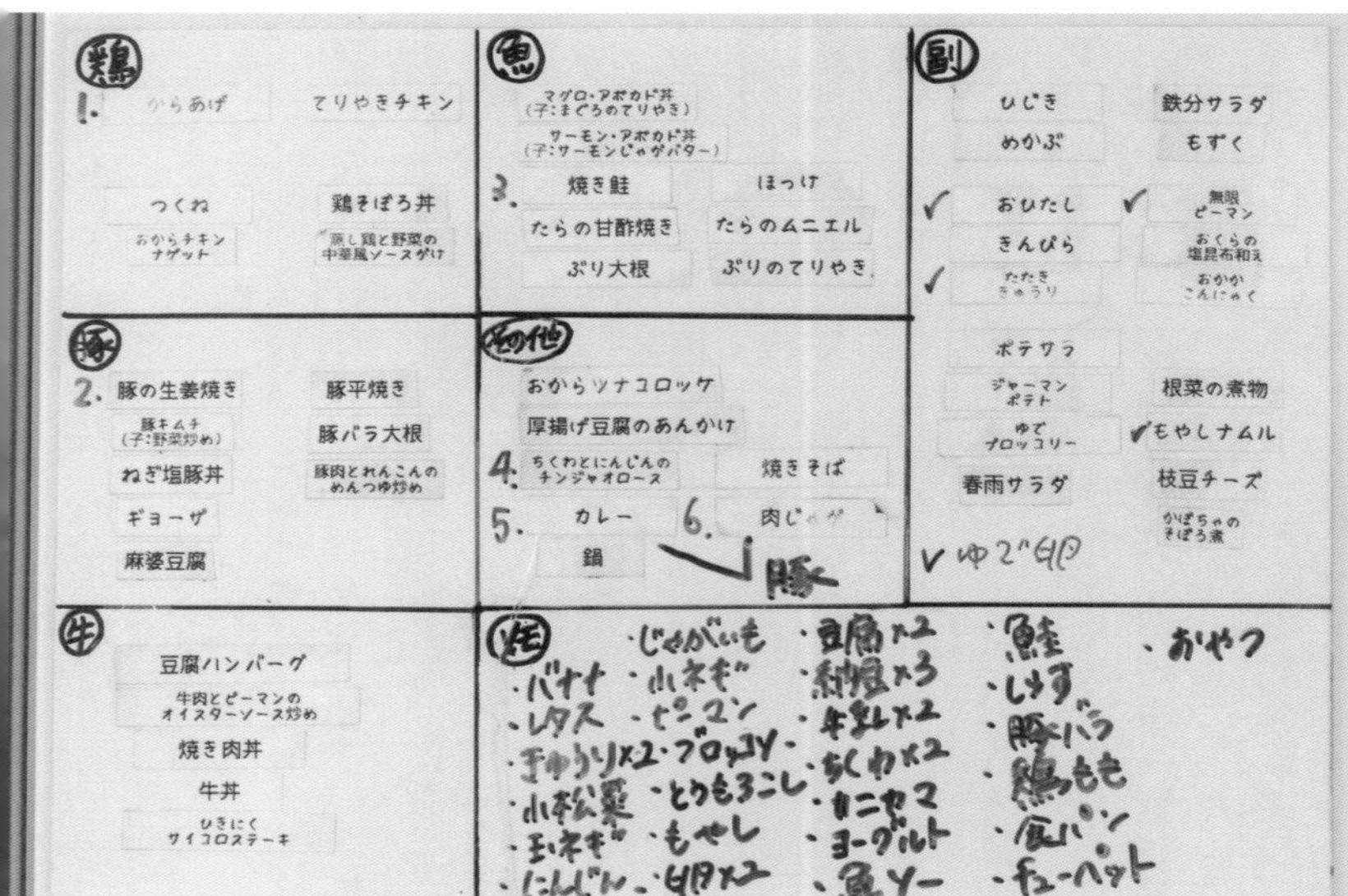

ルーティン献立表。ホワイトボードにテプラで作った献立を貼り、そこに１週間分のメイン料理と副菜を選んで番号をマーカーで書いていきます。

ルーティン献立の作り方

① レシピを見ないで作れる料理を書き出す

ひとつずつ書き出してみると、意外と作れるメニューが多いことに気づくかも。

② 書き出した献立を、鶏肉、豚肉、牛肉、魚、その他、副菜に分類

「その他の料理」には、厚揚げ豆腐、ちくわ、ツナ缶、大豆製品や練り物の他、肉の種類に決まりがないカレーやお鍋を分類しています。それらをラベルに印刷してホワイトボードに貼ります。

③ 1週間の献立を選ぶ

この中から6日分のメインと副菜を選んでいきます。日にちや曜日で決め打ちではなく、メインには番号だけを振り、副菜にはチェックをしておくのがポイントです。これなら「今日のメインは3番の献立、副菜はこれを合わせよう」と、その日の気分や予定で選べるから。

④ メモ欄に買い出し品を書き出す

最後に、番号を振った献立に必要な食材をメモ欄に書き込めばOK。週1回の買い物に行く際、これをスマホで撮影していけば買い漏れもなし！

脱！家事嫌いテク

02

食材＝お金と肝に銘じよ！
買い出しは週に1回、
食材も調味料も使い切る

1週間分のルーティン献立を決めたら、食材の買い出しも週1回で済ませます。最終日の冷蔵庫が空っぽになるように、ルーティン献立のメモ欄に書いた食材だけしか買いませんが、それでも6人家族の1週間分はなかなかのボリュームです。

買い物したその日のうちに、これまた1週間分の作り置きをして、黙々と空っぽの冷蔵庫に詰めていきます。

調味料は本当に高頻度で使うものしか持っていないので、使い切れずに賞味期限が過ぎて廃棄することもありません。そもそも作る献立が決まっているから、結果的に調味料も使うものが限られてきます。

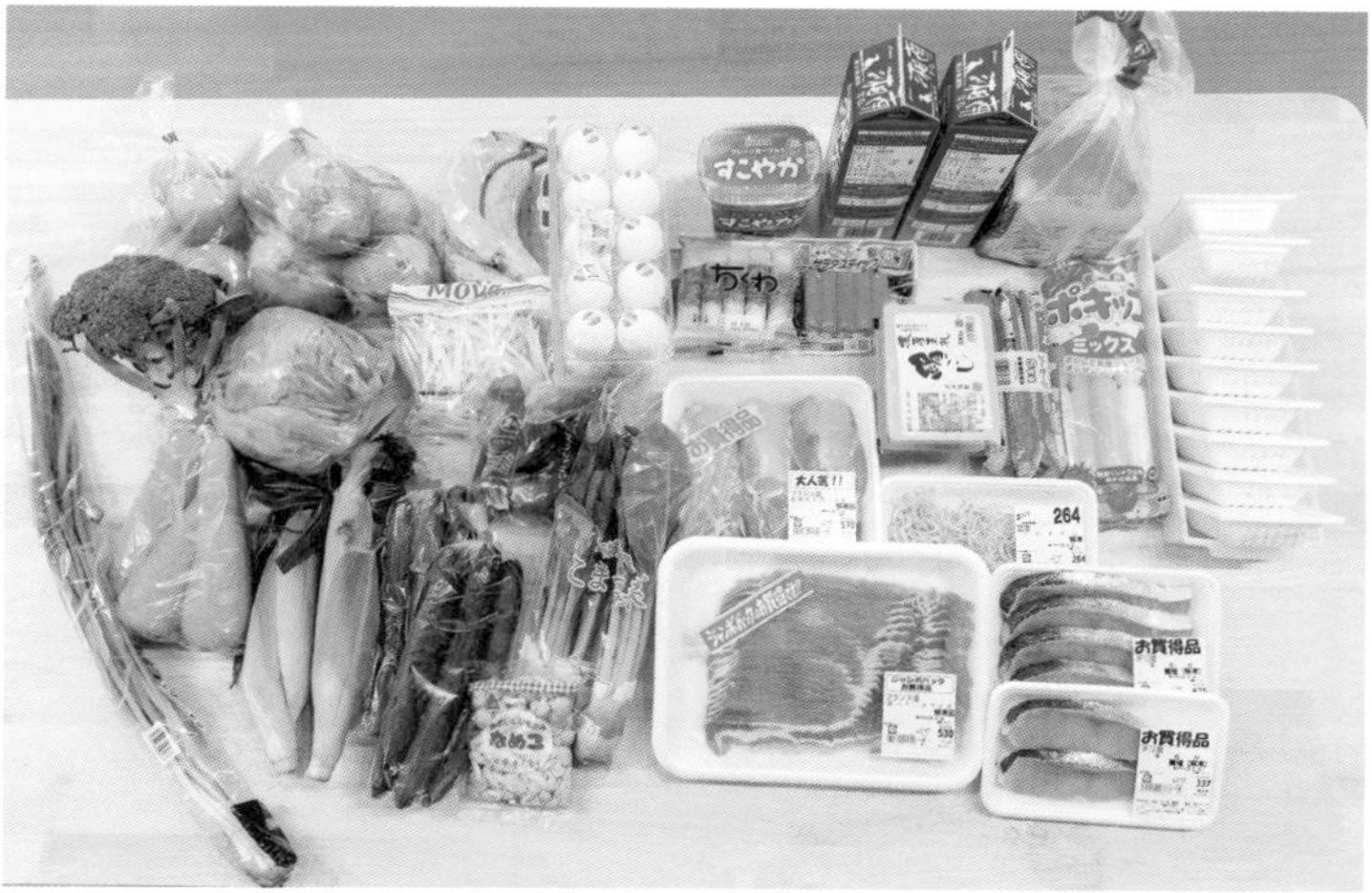

ルーティン献立で書き出して、1週間分まとめ買いした食料品。この材料で作った作り置きはP158。大容量パックの子どもたちのおやつも必須です。

ルーティン献立最終日の冷蔵庫。空っぽデーを作っておけば、奥の方に忘れ去られた食材を発掘する恐怖もないし、ささっと掃除もできちゃいます。

1週間分の買い出し後、おかずの作り置きや野菜の下処理をして冷蔵庫へGO。

調味料は高頻度で使うものだけ。ルーティン献立でやりくりしていれば、他の調味料を買う必要もありません。

ちょっと目新しい料理に挑戦してみよう、という気持ちも余裕もないので、新たな調味料が増えることもありません。

週1回の買い出しやルーティン献立で一番効果が高いと感じているのは、やっぱり「食べきる」こと。ルーティン献立で慣れない食材や調味料には手を出さないし、あらかじめ決めておいた献立に必要な食材しか買わないので、確実に食べきれます。

食材は、自分が思っているより少ない量でちょうどいいことが多く、食べる「かも」、足りない「かも」、の「かも買い」はしません。

買うものが見切り品コーナーにあったら迷わずGET。安くなっていたらラッキーです♪　ただ、買う予定がないものは、どんなに安くても買いません。

よく、フォロワーさんから「1週間も食材がもつの？」という質問をいただきますが、足の早い野菜や、お肉もなるべく前半のうちに食べたり、冷凍したりしておきます。他の魚や野菜は問題ありません。今の冷蔵庫の性能が素晴らしいおかげです、感謝。

また、「冷蔵庫を空っぽにすると、災害があった時に困りませんか」というコメントもよくいただきますが、災害時用は非常食として別に備蓄しているので心配ご無用です。

脱！家事嫌いテク

03

毎日は無理だから、ピンポイントで頑張る！週1時間の調理が、残り6日の私を救う！

作り置きバンザイ！

子どもたちが帰ってくる夕方のバタバタ時に料理に時間をかけるなんて、苦行以外の何ものでもありません。そこで、普段はキッチンに立つ時間をできるだけ短くするために、週に1度の作り置きを始めました。

初めのうちは段取りがわからず、量も種類もそれなりにあるので、時間がかかって大変でした。そんな時、仲良しの時短節約家のインスタグラマーさんから教えていただいたのが、**「食材は最初に全部切る」**という方法。それまでは、にんじんを切って、こんにゃくを切ったらひじき煮を作って、今度は次の料理に使うにんじんと他の材料を切って……とやっていたのが、圧倒的に段取りが良くなり、かなりの時短になりました。

「1週間分も作るのは大変じゃない？」と思われるかもしれませんが、切るだけ、茹でるだけのものもありますし、**週1回、1時間程度ですむなら楽なもの。作り置きを始めてからは心の安定はもちろん、市販の惣菜に手を出さなくなったことで食費の安定にもつながっています。**

前述した整理収納も家計管理も、先の見通しがすごく大事。そう考えると、私はこの作り置きのおかげで、計画性がずいぶん鍛えられたのかもしれません。

副菜はすべて作り置きで調理しておくものもあれば、簡単なものなら、食べる当日に調理することもあります。メイン料理の肉や魚は下味をつけたり、下ごしらえを済ませておいて、当日は焼いたり、揚げたり、チンするだけ。メインもすべて作り置きするわけではなく、例えば鮭を焼くだけなら下ごしらえの必要もないので、買ってきたら冷蔵庫に突っ込んでおけばＯＫ。作り置きがあるおかげで、当日の晩ごはんは、子どもたちがお風呂に入っている間の10分～20分でできちゃいます。

それに、**家族が多ければ多いほど準備や片付けが大変になるので、当日の手間や時間を省ける作り置きは、メリットが大きい**と思います。

買ってきた食材で1週間分の作り置き

1. すき焼きのたれを使った肉じゃが（半分食べて、残りの半分は翌日カレーにします）
2. すき焼きのたれを使った豚のしょうが焼き（下味保存）
3. すき焼きのたれを使った鶏のからあげ（下味保存）
4. ちくわとにんじんの青椒肉絲風（下ごしらえ）
5. 切っただけのこねぎ
6. アク抜きしたこんにゃく
7. 茹でたブロッコリー
8. 茹で卵
9. たたききゅうり
10. レンチンとうもろこし
11. もやしとにんじんときゅうりのナムル
12. 小松菜のおひたし
13. 無限ピーマン

「すき焼きのたれ」を使った作り置きメニュー

我が家の大定番「すき焼きのたれを使ったレシピ」。他にもバリエーションはたっぷり、詳しくはP162で。

肉じゃが

分量（作りやすい分量）

じゃがいも（6つ切り）…3〜4個
玉ねぎ（薄切り）…大1/2個
にんじん…1本
豚肉（または牛肉）…150g
こんにゃく（1口大）…100g
しょうがチューブ…1〜2cm
にんにくチューブ…1〜2cm
すき焼きのたれ…大さじ3〜5
水…100ml

作り方

フライパンにごま油（適量）を熱し、肉の色が変わるまで炒めたら、残りの食材をすべて入れて軽く炒める。すき焼きのたれと水、調味料を入れて、じゃがいもが柔らかくなるまで煮る。

豚のしょうが焼き

分量（4人分）

豚肉…200 g
玉ねぎ（薄切り）…大1/2個
しょうがチューブ…5cmくらい
にんにくチューブ…2〜3cmくらい
すき焼きのたれ…大さじ2〜3

作り方

すべての材料をポリ袋に入れてよくもみ込み、冷蔵保存。食べる日にフライパンに油を熱し、火が通るまで焼く。

MEMO 食卓に出す時は、たっぷりの千切りキャベツ＆もやし炒めでかさ増し！

鶏のからあげ

分量（4人分）

鶏もも肉（1口大）…大2枚
卵…1個
しょうがチューブ…2〜3cmくらい
にんにくチューブ…5cmくらい
すき焼きのたれ…大さじ2〜3

作り方

すべての材料をポリ袋に入れてよくもみ込み、冷蔵保存。食べる日に薄力粉（適量）をまぶして油で揚げる。

盛り付け例

作り置きを活用した1人分の晩ごはんはこんな感じ。肉じゃが、ブロッコリー、茹で卵、もやしとにんじんときゅうりのナムル。汁物は食事の都度作ります。

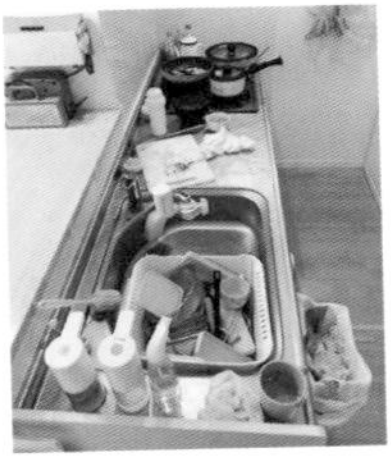

作り置き後のキッチン。これも1週間に1回だと思えば諦めもつく？

1週間分の作り置きで残った食材。7日目は、この残った食材＋乾物や缶詰で献立を考えます。

作り置きのメリット

6日分の心と時間の余裕ができる

1週間に1度、1時間だけ頑張れば、後の6日は焼くだけ、チンするだけで、めっちゃ楽。何なら副菜はタッパのまま食卓にポン。おかげで、時間に追われて子どもたちにガミガミ当たり散らすこともなくなりました。

無駄遣いが減る

忙しかったり、外出して遅くなったりすると、つい外食や惣菜に頼りたくなりますが、「帰ったらチンするだけ」だと思えば、すぐに帰った方がむしろ楽。

食費が安定する

自分たちが1週間にどのくらい食べるのかが把握できるようになってくるので、買いすぎることもなくなります。

作り置きのデメリット

1日だけまとまった時間の確保が必要

対策 「買い出しの日は作り置きの日」などと決めて習慣化してしまえば、それほど苦にもなりません。

日持ちがちょっと心配

対策 しっかり冷ましてから清潔な保存容器に入れる、蓋の水滴は拭き取る、などの対策を。また、ポテトサラダやたたききゅうりなど、生の食材が入っているものは先に食べてしまいましょう。

計画性が大事

対策 あればあるだけ食べてしまうと作り置きにならないので、「米＋汁物＋メイン＋作り置きおかず＋出すだけ1品」など、食卓に出すお決まりの型を作って出せばOK。

脱！家事嫌いテク

04

めんつゆじゃないんだ！ 味付けするなら、すき焼きのたれ一択！ レパートリーは無限大の神調味料

我が家のメイン調味料として大活躍しているのが「すき焼きのたれ」。**これ１本で味が決まってブレないし、基本的な和食はだいたい作れちゃう。簡単で早いのに本当に美味しく仕上がるので、料理が苦手な人はぜひ、試して欲しい**調味料です。

そもそも調味料って、みりん大さじ○杯とか、しょうゆ小さじ○杯とか、いちいち計量するのが面倒だし、１度に覚えられないしで、結局作るのも面倒に……。でも、我が家では、調味料はすき焼きのたれ一択で、たれの加減で味を調整するだけ。

これを使うようになって、レパートリーが一気に増えました。せっかくなので、ここでその一部を一挙公開しちゃいます。

味付け これだけで ここまで作れる！

なごみー流 すき焼きのたれオンリーレシピ9

丼もの

1 鶏そぼろの三色丼

分量（4人分）

鶏ミンチ…300g
ごはん…適量
すき焼きのたれ…大さじ3〜4

作り方

フライパンに鶏肉、たれを入れて火にかけ、汁気がなくなるまで菜箸で混ぜながら炒める。器に盛ったごはんにかけ、お好みで炒り卵や冷凍枝豆などをのせる。

2 親子丼

分量（4人分）

鶏もも肉…250g
玉ねぎ…1個
卵…2個
ごはん…適量
すき焼きのたれ…150ml
水…100ml

作り方 鍋に鶏肉、玉ねぎ、たれ、水を入れて、食材に火が通るまで煮込む。卵でとじたら、器に盛ったごはんにかける。こねぎはお好みで。

3 牛丼

分量（4人分）

牛肉切り落とし…250g
玉ねぎ…1個
こんにゃく…100g
ごはん…適量
すき焼きのたれ…150ml
水…100ml

作り方

鍋にごはん以外の材料を入れて、食材に火が通るまで煮込む。器に盛ったごはんにかけ、一味をお好みで。

MEMO 牛肉を豚肉切り落としに代えると、豚丼に！

我が家の神調味料、エバラのすき焼きのたれ。いろいろなメーカーのものを試してみましたが、私的にはこの味がピカイチでした。

主菜

てりやきチキン

分量（4人分）

鶏もも肉…大2枚　すき焼きのたれ…大さじ2～3

作り方

鶏もも肉に小麦粉（適量）をまぶす。フライパンに油を熱し、皮目を下にして入れ、焼き色がつくまで焼く。裏返して蓋をし約2分加熱したら、すき焼きのたれを加え、中火にして焼き絡める。

MEMO　鶏もも肉をブリに変えれば、ブリのてりやきに。ブリの場合は小麦粉はまぶさずにそのまま焼く。

鶏つくね

分量（4人分）

鶏ミンチ…300g
れんこん（みじん切り）…100g
玉ねぎ（みじん切り）…1/2個
パン粉…大さじ5
卵白…1個分
酒…大さじ2
すき焼きのたれ…大さじ5～7

作り方

ボウルにたねの材料を全部入れてよく混ぜる。フライパンに油を熱し、たねをスプーンですくい入れて、焼き目がつくまで焼く。裏返したら酒をふり、蓋をして2～3分蒸し焼きにする。最後にすき焼きのたれを入れて焼き絡める。卵黄はお好みで付けて食べる。

豚バラ大根

分量（4人分）

豚バラ肉（1口大）…200g
大根（いちょう切り）…1/2本
しょうがチューブ…2～3cmくらい
すき焼きのたれ…大さじ3～5

作り方

大根は下茹でしておく。フライパンにごま油（適量）を熱し、肉の色が変わるまで炒めたら、大根を加えてさらに軽く炒め、調味料を加えて焼き絡める。こねぎはお好みで。

副菜

1歳の子から
大人まで食べるので、
味付けに
幅を持たせています。
子ども向けは薄い方、
大人は濃い方で
いいかもしれません。
夫は濃い方が
好きです!

7

おかかふりかけ

分量(4人分)

かつお節…10g
すき焼きのたれ…大さじ1〜2

作り方

フライパンにすべての材料を入れて熱し、汁気がなくなるまで炒める。

ひじき煮

分量(4人分)

乾燥ひじき…10g
にんじん(細切り)…50g
冷凍枝豆…30g
ちくわ(輪切り)…2本
こんにゃく(細切り)…50g
すき焼きのたれ…60ml
水…300ml

作り方

乾燥ひじきを水で戻しておく。フライパンにごま油(適量)を熱し、ひじき、野菜、ちくわ、こんにゃくを入れて約1分炒める。すき焼きのたれと水を入れて、汁気がなくなるまで煮つめる。

8

9

きんぴら

分量(4人分)

ごぼう(ささがき)…100g
にんじん(細切り)…50g
こんにゃく(細切り)…100g
豚肉　または　牛肉…100g
すき焼きのたれ…大さじ2〜3
水…100ml

作り方

フライパンにごま油(適量)を熱し、肉、野菜、こんにゃくを入れて肉の色が変わるまで炒める。すき焼きのたれと水を入れて、汁気がなくなるまで煮つめる。

MEMO　ごぼうを薄切りにしたれんこんやピーマンに代えても。

脱！家事嫌いテク

05

土・日は「セルフ朝食」でのんびり朝寝坊。ごはん＋お好みで好きなものをチョイス、子は「作る楽しみ」を知り、母は楽して一挙両得

主婦だって週末くらいは朝寝したい。だから、週末の我が家はセルフ朝食です。子どもたちが起きてきて、「お腹すいたー」と言われたら、「お釜にお米あるよー」「納豆もあるよー」「ふりかけもあるよー」「パンもあるでしょー」と叫んでもうひと眠り。初めの頃はごはんにふりかけをかけていただけだったのが、最近では朝食でも包丁を使ってベーコンやソーセージを切って焼いて、調味料をかけるという技が使えるように。ベーコンもカリカリに焼けていて、「ママも食べるー？」と作ってくれることもあります。

夫は調理師だし、子どもたちも幼稚園の調理実習で料理に興味を持った頃に子ども用の包丁を買って、たまに私が余裕のある時に教えたりもしていました。中でも、小学3年生の次男が結構やるんです。普段も「何かお手伝いしたい」と言って、材料を切ってくれたり。

お金教育同様、18歳で子どもたちが家を出てから困らないように、**少しずつ料理を覚えてもらうきっかけを作りたかったのと、「夕飯にこれだけおかずがあるのは、ママが頑張っているからだ」ということを感じて欲しい**、という期待も込めて(笑)。

何より嬉しいのは、「自分で作ると美味しい」「誰かに作って喜ばれると嬉しい」という料理の楽しさに目覚めたこと。ママは楽できるし、子どもたちは好きなものを作れるしで、いいことずくめです。

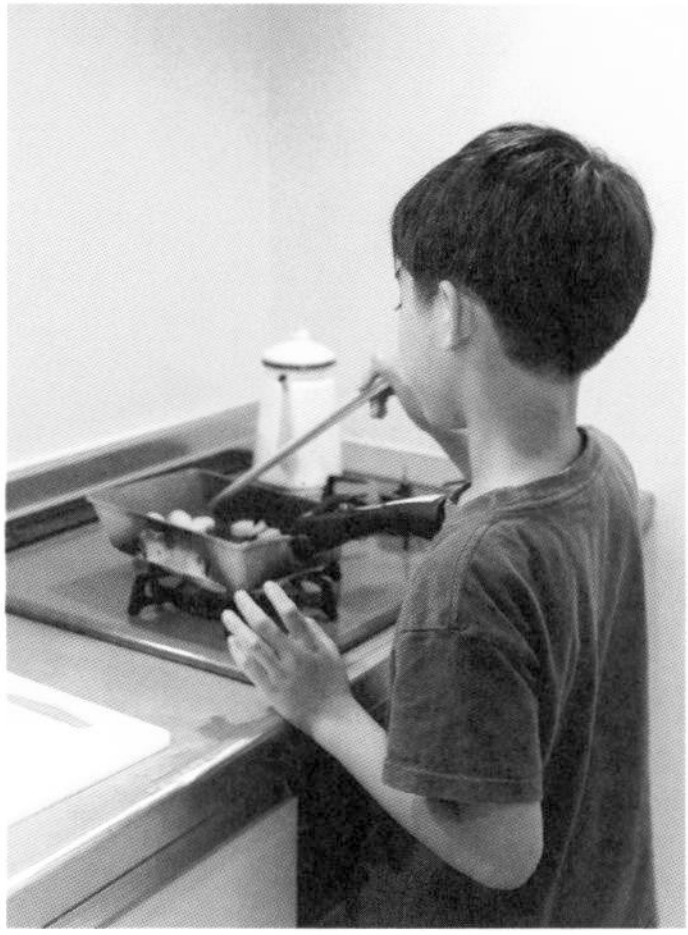

この日は魚肉ソーセージをカットしてじっくりと焼き目をつけ、最後に味の素をぱらり。次男渾身の朝ごはんです。

脱！家事嫌いテク

06

料理嫌いさんほど、包丁だけはいいものを。便利な道具で作業を効率化！

夫と一緒に暮らし始める時、「包丁は百均でいい」と言った私に、調理師の彼が**「料理が嫌いな人ほど、包丁だけはいいものを使った方がいい」**と、グローバルの包丁を買ってくれました。

料理が苦手で興味もなかった私は、トマトは包丁で切る時に潰れるものだと本気で思っていました。でも、夫がくれたこの包丁で切ったら、「トマトって潰れないで切れるものなの？」と衝撃を受けました。同じものを、実家の母と姉にも勧めて買わせたくらいです。

確かに、食材が潰れたり、つながっていたりしてきれいに切れないとイライラするし、余計に料理が嫌になります。でも、きれいに切れると、それだけでちょっと楽しくなるでしょう？

同じ理由で、最近買ったキッチンバサミも重宝しています。貝印のオールステンレス製「関孫六」はよく切れるだけでなく、取り外して洗えるのも高ポイント。今までは食材用とその他用に分けていたのですが、きれいに洗えず錆びて切れなくなるのがジレンマでした。でも、丸洗いできるハサミなら食材用と他の用途用に分ける必要もないので、１本で十分。

料理嫌いだからこそ、少しでも楽しく料理ができる道具にこだわりたいです。

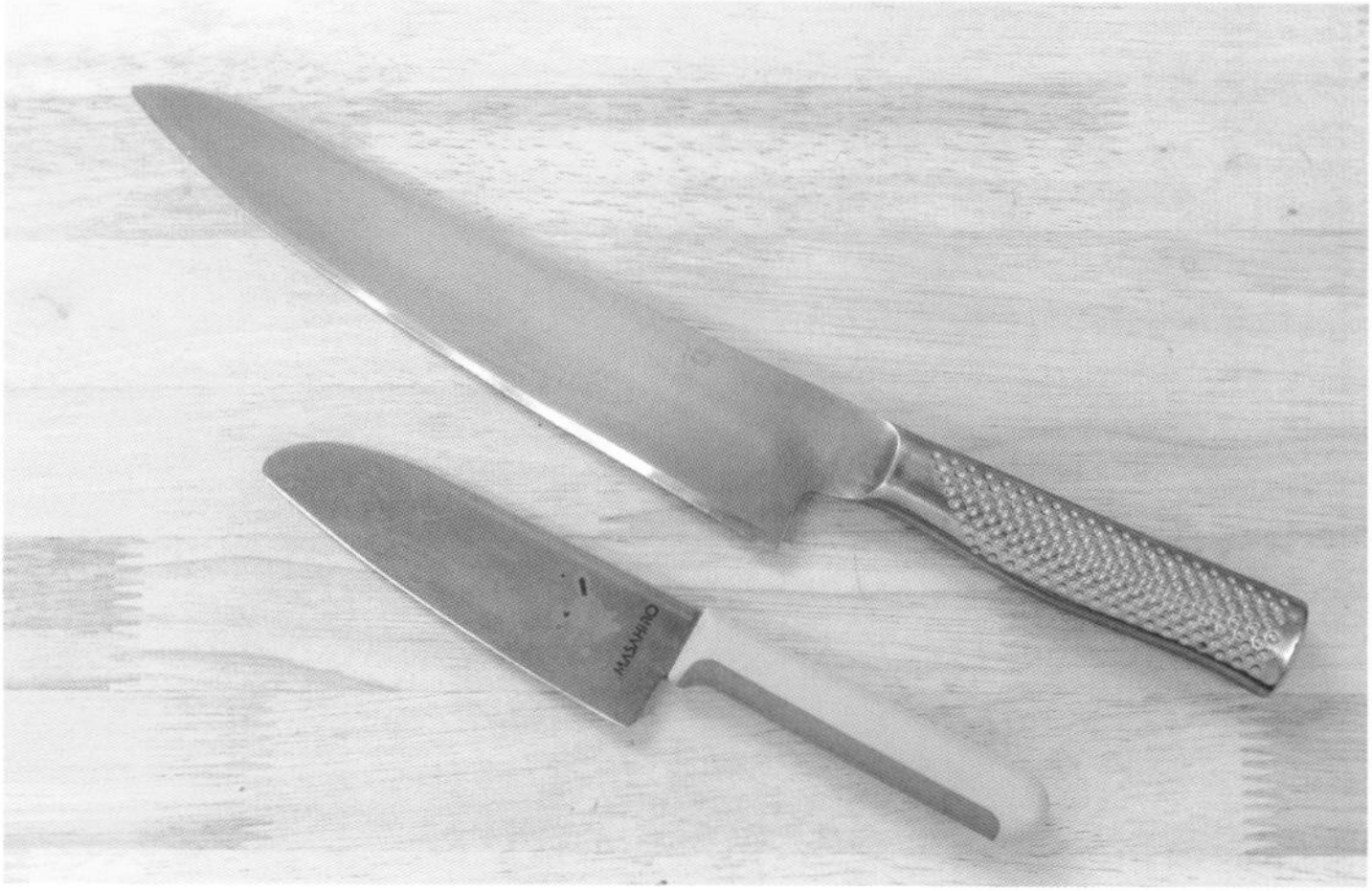

愛用のグローバル包丁は大ぶりで使い勝手は◎。下は子ども用。

脱！家事嫌いテク

07

料理に掃除、洗濯だって面倒くさいがよぎるその前に曜日やサイクルを決めて効率的にルーティン化

料理、掃除、洗濯などの家事はすべて、曜日、週、月ごとにルーティン化しています。毎日すべてを完璧にできるわけではないし、できるものならやりたくない。それに、「ここはいつ掃除したっけ？　そろそろきれいにした方がいいかな」といちいち考えている間に面倒になって、やる気もなくなります。だから、ここでも面倒くさいがよぎるその前に、決まった家事をさくっと片付けます。

我が家は家族が多いので、汚れるのが早い！　掃除機は毎日ですが、ロボット掃除機が稼働しやすいように床にはものを置かず、ちょっとした汚れはリビングの壁に引っ掛けたMakitaのハンディクリーナーできれいに。

トイレは月・水・金曜日、だいたい2日に1度は掃除します。玄関は、トイレ掃除のない火・木曜日に、ほうきでさっと掃き掃除。

日曜日には布団の下に敷いたすのこをあげて掃除機をかけ、交換したことを忘れないように、歯ブラシや髭剃りの刃は毎月1日に交換します。

家事もルーティン化すれば、余計なことは考えず、ただ決めたタイミングで作業すればいいので頭を使う必要もありません。

少しでも楽にできる工夫をしています。

家族の寝室は毎週日曜日、布団の下に敷いてあるすのこをあげて掃除機で埃取り。

ルーティン家事リスト

毎日
洗濯
掃除機かけ

月・水・金曜日
トイレ掃除

火・木曜日
玄関掃除

土曜日
枕カバー洗濯

日曜日
布団カバーや毛布の洗濯
（いずれか1〜2枚ずつ。1枚単位で考えると
だいたい1か月に1回は洗っていることに）
布団下のすのこをあげて掃除機かけ

毎月1日
歯ブラシ・髭剃りの刃交換
ゴキブリムエンダー
風呂釜洗浄

隔月1日
お風呂の
カビ防止くん煙剤

脱！家事嫌いテク

08

洗濯物は極力干さない、畳まない！なごみー家名物！「洗濯物ビュッフェ」で子どもたちもゲーム感覚でお手伝い

洗濯は量も多いので1日2回、朝と夜に洗濯乾燥機を回します。終わったら洋服はハンガーにかけてファミリークローゼットの所定の位置に、残りの下着やパジャマなどは洗濯乾燥機から放り出して洗濯物の山のまま。

忙しい時には「ビュッフェだよー。ここから取ってねー」と言えば、洗濯物の山の中からお風呂上がりの子どもたちが自分のパジャマを探し出し、そのまま着てもらうシステムで畳む手間もなし！　宝探しみたいで、子どもたちにも好評？です。

今までは、干して、かけて、取り込んで……と作業工程が多くて大変でしたが、洗濯

機が壊れて乾燥機付きに買い替えてからは、外に干すのは一切やめました。たまにシワになりやすいものがあるので、気が向いた時にそれだけ干すこともありますが、乾燥機が使えないものは、なるべく買わないようにしています。

週末は、土曜日に枕カバー、日曜日に布団カバーか毛布のいずれか1～2枚ずつを洗濯します。例えば、今週敷布団カバーを洗ったら、来週は掛け布団カバー、再来週は毛布を洗濯……という感じで、1週おきにローリング。カバー1枚単位で考えるとだいたい1か月に1回は洗っている計算です。

布団は土曜日に、アイリスオーヤマの布団乾燥機のダニモードを活用。冬は布団を温めておけるので助かっています。

我が家の名物？　洗濯物ビュッフェ。

CHAPTER 4

イライラが止まらない! ワンオペ育児ガチ限界!

BEFORE

ワンオペ子育てでイライラマックス！
我が道をゆく夫を横目に「本当に家族なんだっけ？」

「うちの子が一番かわいい！」と本気で思っているし、子どもたちと過ごす時間は私にとってもかけがえのないものですが、**次男誕生から長女が生まれるまでの4年間は、お金はないし、夫は家計にも育児にも協力してくれないしで、本当に毎日イライラマックス**でした。子育てが楽しいなんて思えず、「1歳とか2歳って、一番かわいい頃よね」なんて言われても、「じゃあ、代わりにやってくれ〜」と心の中で悪態をついていたくらいです。

追い討ちをかけるように、本当ならおめでたいはずの長男の幼稚園入園で、これからは月に5万円もかかると知って愕然としました。

この頃は貯めては崩すの繰り返しで、貯蓄はほとんどゼロ状態。とても毎月5万円なんて無理。しかも次男はまだ2、3歳で手がかかるし、働くにも預け先を探すことすらなかなか厳しい。

夫はというと、その頃すでに「家賃勝手に引き出し事件」や「寸志使い込み事件」をやらかしただけでなく、子どもたちをどこかに連れていくとか、育児に協力するとか、そんなことも一切なし。休みはほとんどないし、帰りも遅くて生活時間も合わないしで、「私たちって本当に家族なんだっけ？」という感じ。

そんな状態で、解決策など見つかるはずもありません。

AFTER

家族だって伝え合わなきゃわからない みんなの家だもの、協力して我が家なりの最適解を

とはいえ、とりあえず幼稚園代捻出は最優先課題だったので、「だったら私が働くっきゃない」と、次男が預けられる託児所付きのヤクルトレディとして働き始めました。

そうして稼いだ月10万円ほどのお金も、幼稚園代でほぼ消滅。それでも細々と積

み立てながら、長女を出産するギリギリまで働きました。

貯蓄面でもワンオペ面でも、この長女出産までの４年間が辛く苦しい暗黒時代でした。娘を出産してしばらくは働けないし、次は次男が幼稚園に入るしで、とても収入が追いつかない。同時に子どもが３人になったことで、今まで以上に子育ての手も回りません。

「このままでは家計が破綻するだけじゃなく、家庭も崩壊する‼」

ここへきて、ようやく１人ではどうにもならないと意を決し、いよいよ夫との直接対決に臨んだのです。

「私がどれだけ大変なのか、子どもたちに対してどうして欲しいのかを自分の言葉できちんと伝えよう」

そして、家計管理、片付け、家のことすべてを、もうこれ以上は夫が協力する以外にない、という状況を作り、直接対決に臨みました。そのおかげで、お小遣いの値段交渉に成功し、家族が暮らしにくくなるような私物の処遇が改善され、子どもたちへの接し方も劇的に変わってくれたのです。

家族だって、言葉で伝えなければわからないことがたくさんあります。それは子どもに対しても同じこと。きちんと自分でできるように仕組みを整えて、きちんと気持ちを伝えて、「ママは今、食器洗っているから、おもちゃの片付けやってくれる？」と言えば、「なんで私ばっかり！」と1人でイライラすることもなかったかもしれません。

いくら暮らしを整えても、1人だけで頑張ったって意味がありません。家族の暮らしは家族で考えればいい。

そのために、お互いの考えを知り、尊重し、意見を擦り合わせることは大切です。どんな時にも家族でコミュニケーションを取り合いながら、家族みんなの理想を追求していきたいと思うのです。まさに、「家族はチーム」です。

子どもたちと過ごす至福の時。これも、片付けやお手伝いなど、みんなが協力してくれるから。「本当にありがと～！」

「私ばっかり〜！」の
ワンオペ地獄から
抜け出す

なごみ一流

ウェルビーイングな家族を作る3か条

1 自分のことは自分で

＝

準備や片付けは自分たちで。
仕組みを整えればオートモードで
家族が動いてくれ、私も楽に！

2 夫婦の基本はオープンマインド

＝

育ってきた環境も考え方も違う
他人同士だからこそ、話し合い、
伝え合う努力が必須！

3 家族はチーム

＝

私の思いを伝え、子どもの意見を
聞いて、理想の暮らしは
家族みんなで考える！

脱！ワンオペ地獄テク

01

18歳になったら、家を出て暮らせる生活力を！ 家の手伝いも、マネー会議も、巣立ちのための下準備

我が家では、前述の通り子どもたちに**「18歳になったら全員家を出てってもらう」**と宣言しています。

親が子どもにできることなんて、自分の足で生きていけるようにしてあげることくらいだと思うから。高校卒業後にどういう進路に進むのかはわかりませんが、どんな人生を選ぶにしろ、生活の基本やマナーだけはしっかり教えて1人でも生活していけるように送り出してあげたい。

親元を離れてからしかできない経験や失敗もあるし、それはきっと早い方がいい。失

敗しても、「学生だから、若いから」と大目に見てもらえるし、そこから学んで経験を積んで、改善したりやり直したりが何度もできるはず。

子どもたちも**「それまでにこれをやっておかなきゃ」という心づもりで準備すれば、できることが増えていくし、親が教えるべきことのプランも立てやすくなります。**

今はまだピンと来ないかもしれませんが、日頃から、「家事全般や生活の知恵、お金のことなど、今のうちから勉強していこうね」と伝えています。

実際、お小遣いをお手伝い制にすることで掃除や料理を覚えるし、年始に残ったお小遣いに利子をつけたり、我が家の資産を公開するのも、子どもたちに「投資」の感覚や、貯蓄の大切さを知って欲しいから。また、そのうちに興味が湧いたら自分で勉強できるように、子どもたちの本棚にこっそり、漫画で読めるお金の本を忍ばせています。

独立までの期限を決めたことで、**改めて子どもたちが巣立つまでの限られた時間を大切に過ごしたいと思うようになりました。**「実家で過ごせるのは、あと○年」だと思えば、家族でこんなことがしたい、してあげたい、少しでも多くの思い出を作りたい。子どもたちもそんなふうに思ってくれるんじゃないかな？　一緒に過ごした時間の長さよ

本棚に忍ばせたお金の本。家計に興味を持ち始めた長男は、「ママはNISAしてる？」「保険にいくら払ってる？」などと質問してくるようになりました。

り、どれだけ充実して過ごせたかが大切だと思うので。

そして**子どもたちができることが増えていけば、私はどんどん楽になる！**　そう思えば、今はちょっと大変でも、やらない選択肢はありません。

そう遠くない将来、今の部屋が手狭になって引っ越しを考える際は、「同じアパート内でもう1部屋借りる」というアイデアも検討中です。子どもたちが高校生くらいになった時、その部屋で自分たちだけで生活してみる「プレ1人暮らし」を体験させたり。家を出る時、1人暮らしに馴染みやすくなり、送り出す側としても安心です。

巣立っていったら、年に1、2回しか帰ってこなくても構いません。たまに元気な様子をLINEしてくれたら、パパもママもそれでOKよ。親と過ごすより、自分の友達や、結婚したら自分の家族と過ごす時間を大事にして欲しい。

自分の力で、自分の選んだ道を、自分がやりたいように切り開いていって欲しい。それが親として何よりの願いです（本当は超寂しいけどぉぉぉぉ〜）。

脱！ワンオペ地獄テク

02

悲報！忘れ物は届けません！

身の回りの準備は自分たちで、仕組みを整えたらママは隣で見守るだけ

子どもたちは早く独り立ちできるように、小さい頃から「身の回りのことも自分でできるように」教えたり、仕組みを整えたりしています。

前述の、学用品をまとめた1人1ロッカー、DIYで取り付けた引き出しには文房具をストックして、なくなりそうな時には自己申告。

上の2人は、学校から帰ってきたらランドセルを所定の位置に置きます。今では5歳の娘も、幼稚園から戻ると、まずはカバンをしまい、洗い物を洗濯かごに、給食セットは流しに持っていく習慣がついています。

園や学校の準備なら、幼稚園の頃は登園前にママチェックをしてから忘れているものがあれば自分で準備させ、小学生になってからは、「忘れ物がないかチェックしてねー！」と声をかけるだけ。それで忘れ物をしたとしても、私は一切関知しません。

いつだったか、長男が水筒を忘れたことがありました。帰ってきた時に「それでどうしたの？」と聞いたら、「冷水機の水を飲んだ」と。ものがないならないなりに、自分でどうするかを考えて行動すればいいんです。むしろ、それができないと困るのは自分たちだから。

本当に「忘れ物したのは最悪だ！」と思うなら、次は絶対忘れないように、出る前にもう1度確認しよう、と考えるはずです。**失敗も、反省も、後々に活かしていけばいいんです。**

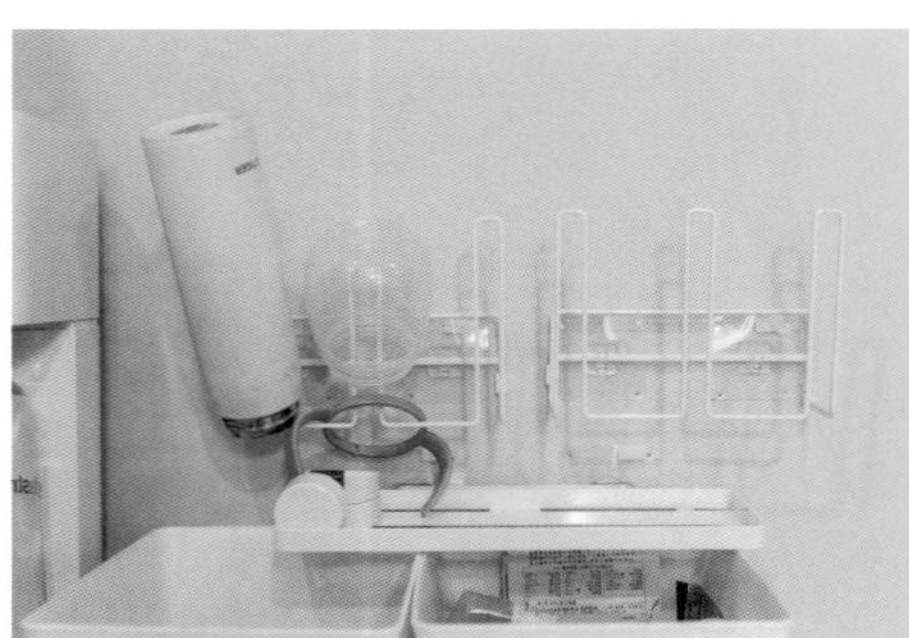

もし水筒を忘れても届けません。トラブルやイレギュラーも、臨機応変に切り抜ける力がつくチャンスでもあるから。

脱！ワンオペ地獄テク

03

片付けも自分のことは自分で。
子どもたちの専用ゾーンはノータッチ。
お片付けタイムは、楽しみながらできる工夫も

身の回りのことと同様に、子どもたちには自分の持ち物も、自分できちんと管理できるようになって欲しいと思っています。子どもたち一人ひとりの専用ゾーンを作って、個別の持ち物を分別しているのもそのためです。「ここからここまでは自分の場所」と意識することで、おのずと愛着も生まれます。

お片付けも同じで、**子どもたちの専用ゾーンは、自分たちで定期的に要・不要の整理をさせるようにしています。**

おもちゃを収納場所に入り切るように選別させるのも、自分には何が必要か、必要じゃないかを考えて欲しいから。

新しいものが増えたら、ひとつ捨てる。その時も、「じゃあ何を捨てる？」と必ず聞きます。「どうしてこれを残したいんだろう」と、ものと向き合って欲しいから。

おもちゃを**片付けるタイミングは、休みの日なら、お昼ごはんの前と夜寝る前のだいたい１日２回。**平日も夜寝る前には必ず片付けさせます。

出かける用事がある時は、出かける前に一旦すべて片付けてもらいます。

声をかける時は、急に「片付けて」と言うと、「えー、今いいところなんだよ～」となるので、若干、時間を刻んで呼びかけるようにしています。

「今８時半で～す、45分までに片付けて」「40分になりました～」とちょっとジャブを入れておくと、突然言われるよりは、渋々ながらも納得して片付けてくれるようです。

長男、次男が小さいうちは、ゲーム感覚で「はい、片付けスタート！　大きいのを片付けたら１００万ポイント！」「早い方が５０００万ポイント～」とポイント制片付け方式が盛り上がりました。

片付けタイム以外は散らかし放題でOK。やる時はやる、が基本です。

ポイントが貯まったところで何の特典もありませんが（笑）、子どもたちは先を争っておもちゃ箱に放り込んでいました。

もっとも、通用するのは幼稚園くらいまででしたが。

脱！ワンオペ地獄テク

04

家族のスケジュールはスマホで一括管理。お稽古事やお迎えだってアラームを併用して抜け、漏れ、うっかり忘れを封印！

4人の子どもたちは現在、保育園、幼稚園、小学校に通っています。

子どもたちのスケジュールは、年間スケジュールが配布された時点で1年分すべてiPhoneやiPadのデフォルトで入っているスケジュール帳に入れておきます。そうしないとすぐに忘れてしまうのと、園と小学校の参観日がかぶっていたりするので、前もって夫に「この日休んでね」とスケジュールを調整しておくためにも必須の作業です。

毎週のことだし、まさか忘れないだろうと思っている子どもたちの**お稽古事も同じスケジュール帳で管理して、アラームも設定。**

過去に1度、長男のお稽古事がすぽーんと抜け落ちてしまい、寝る前になって、「あれ、今日公文の日だったじゃん！」ということがあったので。同じように、娘が通う幼稚園バスの到着時間もアラーム頼み。実は、娘のお迎え時間も忘れてしまい、先生から電話がかかってきたことが何度かありまして（汗）。それ以来、夕方以降はピッピッピッピッ鳴るので、「え、今度は何？」と焦りますが、お稽古事やお迎えを忘れることはなくなりました。

お稽古事は「文武両道」と称して、学習系がひとつ、運動系がひとつの、1人2つまでと決めています。ぶっちゃけ、4人分ともなると結構な額になっておったまげますが、**子どもたちが頑張る気持ちの芽を摘みたくないし、頑張っている過程も大事にしたい**。それに、「子どもたちがやりたいと言ったことはやらせてあげられる親でありたい」という夫婦共通の思いがあるので、日々仕事を頑張るのみ！です。

何がやりたいかは、幼稚園を卒園する時に相談してすり合わせました。例えば、長男は幼稚園の時にやっていた知育教室の代わりに「違うことを知りたい」と言うので、いろいろな教室を見学に。その中で「これやりたい」と言ったのが公文です。算数好きに刺さったのか、今でも楽しそうに通っています。

一方で、次男も同じタイミングで「どうする?」と聞くと、「今の知育教室を、もう少しやりたい」と言うので、今も続けています。

授業の時間割や給食表などは、子どもたちそれぞれの掲示板で管理しています。長男、次男は授業時間を確認するために使ったり、娘は「今日は幼稚園で何やるの?」と聞いてくるので、「今日は絵の具の日だよ」と教えたり。そうやって子どもたちとの会話の糸口にもなっています。

子どもたちのお稽古事

長男
- 公文
- スイミング

次男
- 知育教室
- スイミング

長女
- 知育教室
- 体操教室

三男
- なし

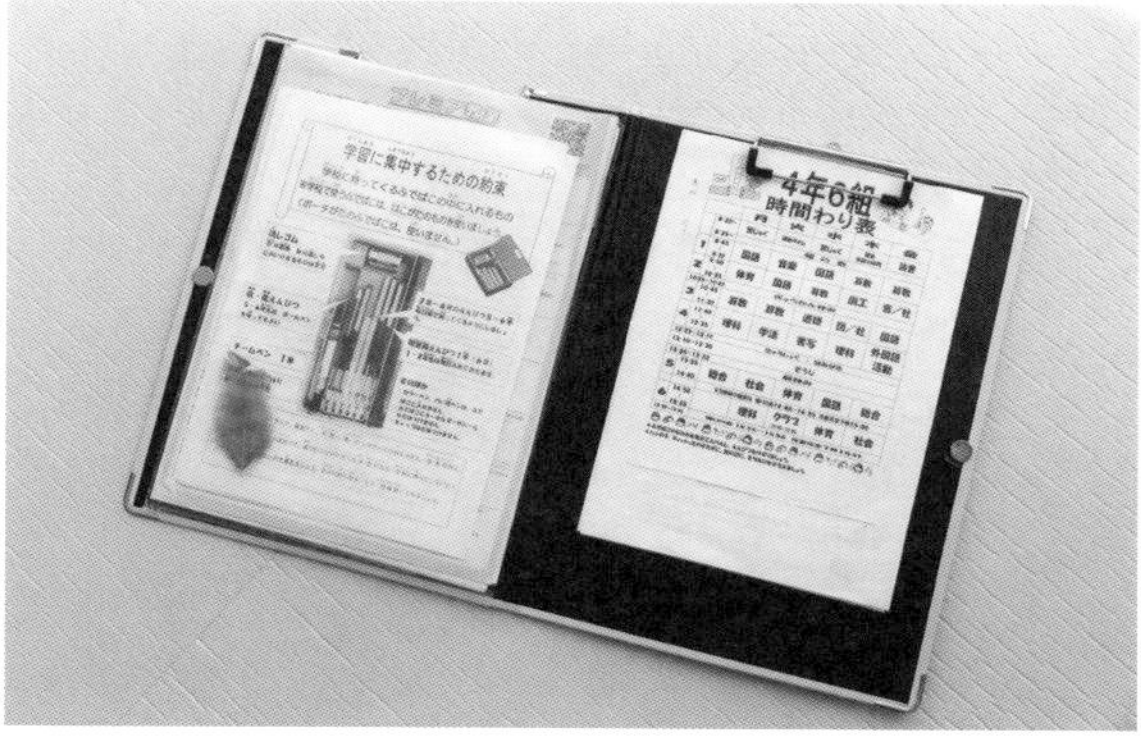

「子どもたちが自分で時間管理ができるように」作った1人ひとつの掲示板。左側はクリアファイルを貼って、その中にもプリントが挟めるようになっています。

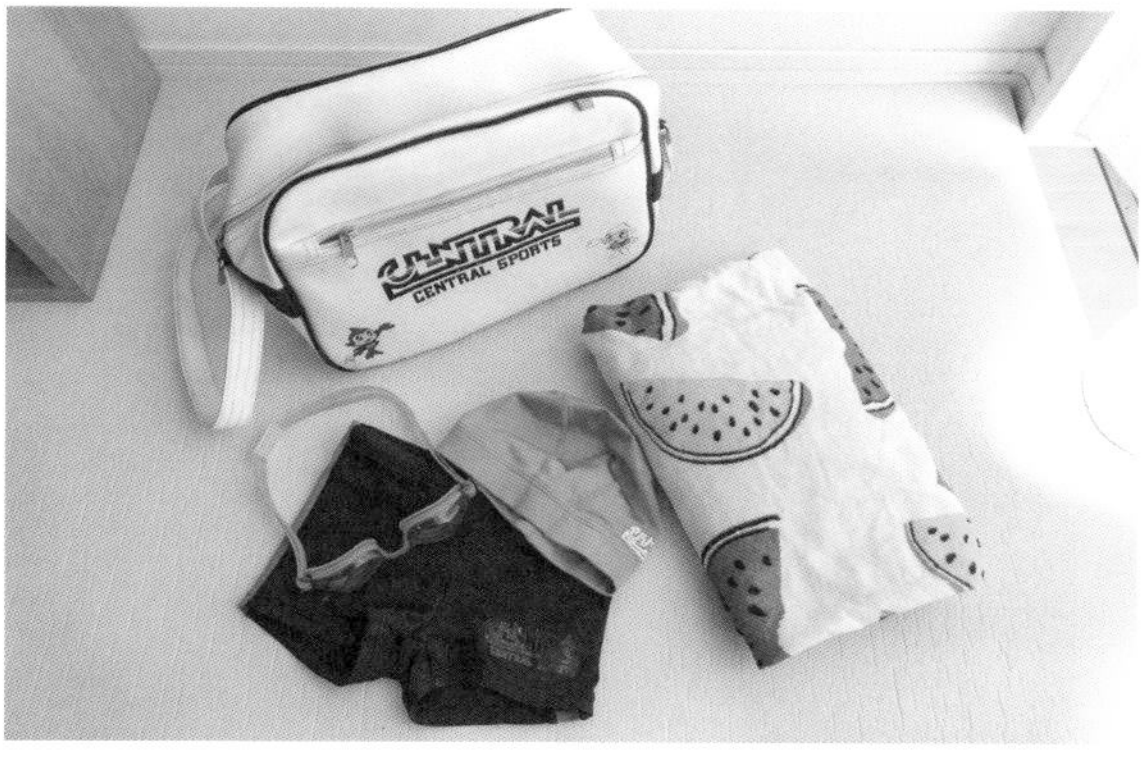

長男のスイミングセット。お稽古事は、本人がやりたいことをやらせています。

脱！ワンオペ地獄テク

05

他人の脳みそを借りるな。脳みそに汗をかけ。

子どもにつけさせたい力

借金持ちで、汚部屋に住んでいた私だからこそ、子どもたちには自分で考える力を養い、自分の行動に責任がとれる大人になって欲しいと願っています。だからことあるごとに、こうしなさいではなくて、「ママはこう思うんだよね」と伝えるようにしています。

私の考えや行動が正しいかどうかはわかりませんが、押し付けるのではなく、伝え続け、一緒に学び、成長することで、子どもたち自身にも何かしら感じとってもらえたらなぁ、と思っています。

子どもたちにつけさせたい力

①自分で調べる癖

「○○って何？」と聞かれたら、「ママが今調べて教えることもできるけど、辞書に書いてあるのを読んだ方が絶対わかりやすいよ」と調べ方を教えています。

すぐに誰かに答えを聞いて解決するのではなく、まずは自分で調べる癖をつけて欲しいから。それに、**自分で調べて、実際に見たり、読んだりした方が、きちんと自分の中に落とし込めるはず。**

②自分の頭で考える力

筋トレと同じで、脳みそも鍛えないと育ちません。世の中は答えのないことで溢れているからこそ、脳みそに汗をかくくらい自分で考えて欲しい。安易に人に聞いて答えを求めたり、人に聞いたことを鵜呑みにしたりして、考えることを放棄しないで欲しい。

それに、**親や先生が言ったことが絶対に正しいとは限りません。**世の中の真実や常識が変わってくることもあるので、**自分自身で知識を蓄え、アップデートしていく努力も必要です。**

③多角的な目線

「2階のある広いお家が羨ましい」と言われたので、「2階はないけど、こうやってリビングにみんなが集まってくっついている時間が、ママは幸せなんだけどな」と伝えると、「確かに〜」と嬉しそうにくっついてきてくれました。「みんなはこうだから」と自分の思考を停止させたり、「これが正義」という固定観念に縛られたりするのではなく、**自分なりの価値を見出せる目線を持ち、知恵や経験を総動員した最適解を見つける力を養って欲しい。**

④少ないもので工夫する知恵

「これがないとできない」のではなく、**「これはないけど、他のものでできそう」という機転も大事。**その視点を持っていれば、ものが増えていくこともありません。

⑤ものより経験

「パパとママはものにお金を使うより、家族でいろいろなところに行って、たくさんのことを知って、みんなで笑いたいんだよね」と、**ものより体験にお金をかける価値観を伝えています。**

それに、「ママは年に1回の旅行が楽しみで、その時ばかりは何も考えないで楽しみ

家族旅行はその時の体験だけでなく、後で写真を見ながら「これ、楽しかったよね～」と振り返ったり、子どもたちとの話のネタにもなっています。

たいから毎日の節約を頑張るんだけど、どう思う？」と聞くと、息子たちもすごく納得してくれます。

⑥工夫する力

本書でも触れましたが、欲しいものがある時は、「ママがいいよ、って言えるように、ママを納得させて」とプレゼンしてもらいます。その結果、堅実派の長男はお小遣いを貯めて買う選択をすることもあれば、手持ちのもので工夫することもあります。

よく考えもせず、すぐに飛びついたり、人の価値観に惑わされたりすることなく、自分で考えたり、工夫

絵が大好きな長男は、「大きくなったら漫画家になる！」と。そのためにも、たくさん知識や経験を増やして欲しいと思います。

したり、新たな価値を見出せる力を育んでいければいいな、と思っています。

⑦冷静なもう１人の自分

何かを決断する時はいつも、感情的な自分に対して、「本当にそれでいいの？」と問いかける冷静なもう１人の自分を頭の中に飼っていて欲しい。そうすれば、感情に任せて衝動買いすることも、何かに執着しすぎたりすることもなくなります。私が「自分で自分の機嫌を取れない」タイプで苦労したので、**冷静に自分を俯瞰できる癖をつけて欲しい**と思うのです。

⑧失敗から学びとる力

失敗したって、間違えたっていい。人生、トライ＆エラーです。でも、失敗を失敗のままにせず、**失敗したり、間違えたりした経験を、次にどうつなげるのか、それを分析して変えていこうとすることこそが大事なのだ**と知って欲しいです。

脱！ワンオペ地獄テク

06

大好きな子どもたちがまっすぐ育って欲しいから子育てで気をつけているのはこんなこと

自分の小さすぎるキャパのせいで、たまに理不尽に怒って「ごめんね」と思うことがあります。でも、「大好き」という気持ちは、いつも子どもたちに伝えています。まだまだ反省ばかりのポンコツ母ちゃんですが、それでも自分なりに「これだけは」と心がけているのがこれ。子どもたちにもちゃんと伝わればいいなぁ。

①最低1日1回、「大好き」を伝える

いくら自分の子どもでも、思っていることを言わなきゃ伝わらない。何となく伝わるだろう、と思うのは親の怠慢でしかないと思うんです。だからいつも、「あー、ママは本当に幸せ者！」とことあるごとに伝えています。日本人は「察する」ことを美徳にしがちですが、自分だってわかりやすく大好きって言われた方が嬉しいですよね？　だからこれからも素直に、「大好き」って言い続けます。

「こんなかわいい子どもたち４人に恵まれて、ママは世界一の幸せ者なのだ〜♡」

②「お兄ちゃんだから、お姉ちゃんだから」とは言わない

好きでお兄ちゃんに生まれたわけではないのに、そう言われるのは本人にとってはきっと理不尽なこと。もし伝えるなら、「今まで自分が小さい時は、年上の人が優しくしてくれたよね。**今度は自分が小さい子に優しくしてあげる番じゃないかな**」と伝えるようにしています。

③褒めるのは過程と努力

例えばテストで１００点を取ったことより、１００点を取るために、毎日宿題やドリルを頑張ったことを褒めています。三日坊主という言葉があるように、コツコツ続けるって難しいけれど、**コツコツ続けられる人こそ最強なんだ**、とわかって欲しい。それに、他の人に対しても、結果だけを見て判断するようになって欲しくないんです。「結果を出すために、たくさん努力してきたんだね」ということまで考えられる人になって欲しいと

思っています。

④早くやって、じゃなくて、いつやるの？

「早くやって」だと私がやらせることになりますが、「いつやるの？」は自分たちで決断しなければいけません。**「自分の行動は自分で決める」癖をつけることで、判断力が培われます。**毎日の洋服選びもそう。今日は半袖にしようか、長袖がいいのか……何を着ていくのかも自分たちで決めます。「半袖で学校へ行ったら寒かった」と思えば、「明日は天気予報を調べてから上着を持っていこう」と考えるはず。たくさんのことを判断していくうちに、臨機応変に物事を捉えることができるようになってくると思うのです。

⑤会話はきちんと文章で

「ママ、牛乳」と言われたら、「ママは牛乳じゃないよ」と言って注ぎません。すると娘も「喉が渇いたから、牛乳ちょうだい」ときちんと言い直します。私も主人も同じ飲食店で働いていたんですが、たまに、「水！」って言う横柄なお客さんがいるんですよね。マナーもそうですが、単純に**自分が言われたり、されたりしたら嫌だな、と思ったことは、子どもたちにもして欲しくないから。**

⑥「ありがとう！」の後にひと言添える

手伝ってくれたり、お願い事を頼まれてくれた時には、感謝と同時に私の気持ちも込めて「ありがとう！　ママ本当に助かった」と必ず言います。**「ありがとう」にひと言添えるだけで、子どもへの伝わり方も違う気がします。**

⑦自分の考えを押し付けない

　意見を聞かれた時は、必ず語尾に「～だとママは思う」をつけています。**考えや意見を押し付けたくないし、私の意見が絶対でもありません。**だから、小学生の長男と次男には、「逆にどう思う？」と聞いてみたりもします。

子育てに正解なし。自分が正しいと思ったことを続けていくだけ。

脱！ワンオペ地獄テク

07

「脳内夫」は追い出して「リアル夫」と対峙。不満も賞賛も口に出して数か月に1度はカフェデートで夫婦円満

本書の冒頭で触れたように、子ども2人、ワンオペでにっちもさっちもいかなかった暗黒時代の4年間、いつも自分が生み出した「脳内夫」と闘っていました。

「話しても、きっと無理って言うに決まっている」と勝手に決めつけた挙句、ストレスを溜め込んでいくという悪循環。「夫が協力してくれない」。**そう嘆きながらも私は長い間、目の前の夫とのコミュニケーションを避けていたのです。**「私が大変なのを察してよ」という甘えがあったかもしれません。

どんなに親密な人間関係でも、思っていることを口に出して言ってくれなければ、その人が何を考えているのかなんてわかりません。目の前の夫とようやく向き合い、お小

遣い交渉、コレクションの置き場所問題、ワンオペの限界など、とことん話し合ってからは、いろいろなことがうまく回るようになりました。

もちろん、すべてのことが完全に解決するとは限りませんが、少なくとも今なら、家事や育児で限界を超えそうになると、「ちょっとやばい」と素直にSOSが出せるようになったし、夫も、何かしら対応してくれるようになりました。

嫌なことは「その言い方にすごくイライラした」とちゃんと伝え、これまでのように、むすっと黙って怒っているアピールもやめました。逆に、夫がたまにスーツを着て仕事に行く時には、「やばい、めっちゃかっこいい」と伝えるし、子どもたちにも「見て、パパ超かっこいいよね」と話します。悩みも文句も褒め言葉も、とにかく相手に伝えたもん勝ち。今はそれを実感しています。

コミュニケーションの大切さがわかってからは数か月に1度、夫婦でカフェデートを楽しんでいます。昔に戻りたいとは思いませんが、それまでの経験があったからこそ、今がある。これからも**脳内夫は封印し、思ったことは口に出して目の前のリアル夫と向き合い、私たち家族の理想の暮らしを目指していきたい**なぁと思っています。

おわりに

本書を最後までお読みいただきありがとうございます。

私の両親は、どちらも銀行員でした。堅実で倹約家の両親に育てられたにもかかわらず、私はあればあるだけ使う独身時代を過ごしました。クレジットカード払いの滞納で職場に電話がかかってきたことは数知れず、おかげでブラックリストの仲間入り。常にお金の心配が脳内に溢れ、お金に悩み続けていました。

この本を手に取ってくださっている方の中には、本気で自分の家計と向き合い、本気でどうにかしたいと思っている方も多いのではないでしょうか。数々の失敗を繰り返し、お金に振り回され続けてきた私から言えることは、ただひとつ。

「大丈夫、絶対できるよ!!」

家事、育児、仕事、ｅｔｃ．……と私たちは毎日本当によく頑張ってる！　もし、あれもこれもできていないと思っていても、今の自分を否定する必要はありません。

本書では、「え？　そんなもんでいいの？」と思われるようなアイデアもあったでしょう。そんなもんでいいんです。満点なんていらない。50点取れれば儲けもんです。そして「50点のそんなもん」が、**あなたの理想の暮らしへの第一歩をお手伝いできれば、このうえもない喜びです。**

「コイツにできて私にできないわけがない！」と自らはっぱをかけるためでも良し。どうしても腰が上がらない時の活入れ用に使うも良し。収納方法を真似するために役立てるも良し。せっかく読んだ時間と本代の元を取るつもりで、本書をぜひ活用してください。我が家もまだまだ道半ば。**みんな日々闘う同志です。**一緒に頑張りましょう！

最後になりましたが、インスタグラムやブログなどを通して応援してくれるみなさま、そして、いつも私を支えてくれる家族に感謝を込めて。
自分で言うのもなんですが、私は周りの人にめちゃくちゃ恵まれているんですよね。いつも本当にありがとうございます！　みんな、みんな、だ～いすき！

なごみー

3男1女、4児の母。整理収納アドバイザー1級。
6人家族、56平米賃貸暮らし。楽しい節約生活、暮らしの工夫をSNSで発信中の蓄財系整理収納アドバイザー。元借金あり、汚部屋で暮らすポンコツ主婦から一念発起して、子どもたちの教育費4000万円を貯めることを目標に、家庭内のすべてを見直したことで、何もかもがうまく回るように。ズボラ主婦ならではのハードルは低く、かつ効果抜群なお金が貯まる・暮らしが回る生活のテクニックがメディアで話題に。

Instagram @nagomy39

ポンコツ4児母《じかあ》ちゃん、
家《いえ》を片付《かたづ》けたら1000万円《まんえん》貯《た》まった！

2023年 8 月31日　初版発行
2023年12月 5 日　3 版発行

著者　なごみー

発行者　山下 直久

発行　株式会社KADOKAWA
〒102-8177　東京都千代田区富士見2-13-3
電話 0570-002-301（ナビダイヤル）

印刷所　大日本印刷株式会社

製本所　大日本印刷株式会社

●お問い合わせ
https://www.kadokawa.co.jp/（「お問い合わせ」へお進みください）
※内容によっては、お答えできない場合があります。
※サポートは日本国内のみとさせていただきます。
※Japanese text only

定価はカバーに表示してあります。

ISBN 978-4-04-606469-1　C0077